LE FRANÇAIS CM1 DES PETITS GÉNIES

Pour devenir fort en français !

Ont contribué à cet ouvrage :

Mallory Tinena-Monhard, professeure des écoles.
André Vulin, inspecteur d'Académie.
Aurore Meyer, autrice en parascolaire et conceptrice des jeux.
Caroline Jambon, conceptrice des cartes mentales.

LAROUSSE

CONSEIL AUX PARENTS

Le cahier **LE FRANÇAIS DES PETITS GÉNIES** a été conçu pour que **votre enfant apprenne tout en s'amusant !**

Le contenu est **conforme aux programmes de l'Éducation nationale** et permet à votre enfant de revoir **toutes les notions essentielles à connaître en CM1** pour consolider ses acquis.

Tout au long du cahier, vous trouverez :

- Des **RAPPELS DE COURS** qui vous permettent d'accompagner votre enfant dans ses révisions.
- Des **EXERCICES PROGRESSIFS** qui proposent un exemple afin de guider votre enfant.
- Des **JEUX** sous forme de **QUIZ**, **TESTS** ou **DÉFIS** qui incitent votre enfant à réinvestir ses connaissances de façon ludique.
- Des **CORRIGÉS**, en fin d'ouvrage, qui vous permettent de vérifier les acquis et de suivre les progrès de votre enfant.

Accompagné par **NOS PERSONNAGES DES PETITS GÉNIES**, qui lui donneront des conseils ou des astuces, votre enfant prendra **plaisir à s'exercer toute l'année** et deviendra **un champion en Français** !

Direction de la publication : Carine Girac-Marinier
Direction éditoriale : Audrey Gérard
Édition : Hélène Klein
Relecture-correction : Vediteam
Direction artistique : Uli Meindl
Conception graphique : Sophie Rivoire
Réalisation graphique : SKGD-Création
Illustrations personnages : Vincent Brascaglia
Éléments graphiques : © Shutterstock
Fabrication : Carole Rousseau

ISBN : 978-2-03-606249-8

PAPIER CERTIFIÉ
LAROUSSE s'engage pour l'environnement en réduisant l'empreinte carbone de ses livres. Celle de cet exemplaire est de : 700 g éq. CO_2
Rendez-vous sur www.larousse-durable.fr

Achevé d'imprimer en Espagne par Estella Graficas
Dépôt légal : mars 2024 – 335231/01
N° de projet : 11054180 – décembre 2023

SOMMAIRE

TESTS DES PETITS GÉNIES

Pour connaître ton niveau en français au début du CM1, fais le test suivant.

1. Accorde les adjectifs en rouge avec les noms puis place les adjectifs accordés dans la grille comme sur le modèle.

1. Une (vieux) dame → Une vieille dame

2. Une fille (roux) → ....

3. Des enfants (peureux) → ....

4. Une (gros) calculatrice → ....

5. Une fillette (têtu) → ....

6. Une (grand) trousse → ....

7. Une maman (heureux) → ....

8. Une feuille (noir) → ....

9. Des filles (craintif) → ....

10. Une (gentil) maîtresse → ....

QUIZ DES PETITS GÉNIES

1 Complète la phrase suivante avec la bonne proposition.
Ils ont de .... chaussures.

- ☐ **a.** joli
- ☐ **b.** jolis
- ☐ **c.** jolies

2 Complète la phrase suivante avec la bonne proposition.
Eva a fait une ....

- ☐ **a.** sculpture
- ☐ **b.** sculptures

3 Complète la phrase suivante avec la bonne proposition.
Loïc court vers les .... de blé.

- ☐ **a.** champ
- ☐ **b.** champs

TESTS DES PETITS GÉNIES

Pour connaître ton niveau en français au début du CM1, fais le test suivant.

2. Lis les phrases en violet, puis remplis la grille grâce aux phrases en bleu. Puis récolte les lettres des cases en jaune pour savoir qui se cache derrière le feuillage.

- Si la phrase est déclarative, écris le 2e mot de cette phrase.
- Si la phrase est interrogative, écris le 3e mot de cette phrase.
- Si la phrase est injonctive, écris le 5e mot de cette phrase.

1. Quels jolis souvenirs vas-tu acheter ?
2. Les belles girafes ont-elles la langue violette ?
3. Les lionceaux s'amusent.
4. Que le spectacle des aigles commence !
5. Tu adores le zoo.

				1	S	O	U	V	E	N	I	R	S
			2										
	3												
		4											
5													

C'est le .... qui se cache derrière le feuillage.

3. Ces animaux n'ont pas la langue dans leur poche ! Pour mieux comprendre ce qu'ils disent, remplace les loupes par les signes de ponctuation , ou ? ou !.

Bonjour les amis 🔍 Alors 🔍 qui est la plus grande 🔍

C'est toi 🔍 bien sûr 🔍

Moi 🔍 j'ai un beau pelage rayé 🔍 de jolies oreilles et une longue queue. Partages-tu mon avis 🔍

1 Je distingue les types et les formes de phrases

SOUVIENS-TOI

- **Une phrase est une suite de mots qui commence par une majuscule et se termine par un point. Une phrase a du sens.**
- **Il existe trois types de phrases.**

– Les **phrases déclaratives** servent à informer.
Exemple : Je me couche tous les soirs vers 22 heures.

– Les **phrases interrogatives** servent à poser des questions.
Exemple : À quelle heure te couches-tu ?

– Les **phrases injonctives ou impératives** servent à donner un ordre ou un conseil. *Exemple : Va te coucher !*

- **Les phrases peuvent être à la forme affirmative** *(Exemple : je viendrai demain.)* **ou négative** *(Exemple : je ne viendrai pas demain.)* **ou exclamative** *(Exemple : Que cette glace est délicieuse !)*
- **Quand elles sont négatives, elles comportent ne… pas, ne… plus, ne… jamais ou ne… rien, etc.**

EXERCE-TOI

1. Complète le tableau en suivant l'exemple qui est donné. La suite de mots forme une phrase si et seulement si les trois premières cases sont cochées.

	majuscule	point	sens	phrase
Nous arriverons en retard à l'école.	x	x	x	oui
la Lune tourne autour de la Terre.				
Le Soleil est notre étoile.				
Quand irez-vous faire les courses				
Les jardiniers arbres mangent.				
La nuit tombe vite en hiver.				

2. Indique le type de chaque phrase. Suis bien l'exemple.

Mes parents ne veulent pas que je parle mal. → phrase déclarative

Que fais-tu ? → ....

Il ne faut pas jeter ses emballages dans la nature. → ....

Voulez-vous une part de gâteau ? → ....

N'oubliez pas de vous laver les dents. → ....

3. Mets les phrases suivantes à la forme négative.

- Les touristes montent au sommet de la tour Eiffel.
  Les touristes ne montent pas au sommet de la tour Eiffel.
- Les feuilles des arbres tombent au printemps.
  ....
- Les enfants s'installent à leur bureau.
  ....
- Je viens toujours faire mes courses dans cette épicerie.
  ....
- J'aime les chiens et les chats.
  ....

QUIZ DES PETITS GÉNIES

4. Quel est le type de cette phrase ?

Le bruit de cette sonnette est-il agréable ?

a. ☐ déclaratif b. ☐ interrogatif c. ☐ impératif

5. Quelle phrase impérative correspond à cette phrase déclarative ?

Tu évites de marcher dans les orties.

a. ☐ Évite de marcher dans les orties. b. ☐ Évites-tu de marcher dans les orties ?
c. ☐ Éviteras-tu de marcher dans les orties ? d. ☐ N'évite pas de marcher dans les orties.

6. Quel est le type de cette phrase ?

Qu'as-tu donné à manger à ton chat ?

a. ☐ déclaratif b. ☐ interrogatif c. ☐ impératif

7. Quelle phrase déclarative correspond à cette phrase interrogative ?

Ce parc d'attractions est-il fermé l'hiver ?

a. ☐ En quelle saison le parc d'attractions est-il fermé ? b. ☐ Ce parc d'attractions est fermé l'hiver.
c. ☐ Fermez ce parc d'attractions durant l'hiver ! d. ☐ Ce parc d'attractions fermera-t-il cet hiver ?

8. Quel est le type de cette phrase ?

Relisez attentivement votre texte !

a. ☐ déclaratif b. ☐ interrogatif c. ☐ impératif

DÉFIS DES PETITS GÉNIES

1. Lis les six phrases en noir et remplis la grille grâce aux phrases en bleu. Puis récolte les lettres des cases en jaune pour savoir quel est l'animal de compagnie de la classe de CM1.

- Si la phrase est déclarative, inscris le 2e mot de cette phrase.
- Si la phrase est interrogative, inscris le 4e mot.
- Si la phrase est exclamative, inscris le 3e mot.
- Si la phrase est injonctive, inscris le 5e mot.

LES PHRASES

1. **Que ta trousse est jolie !**
2. **Le foot est le sport préféré des enfants à la récréation.**
3. **Que veux-tu regarder maintenant ?**
4. **À quelle heure termines-tu de faire tes devoirs ?**
5. **Il faut terminer notre peinture.**
6. **Les cahiers sont posés.**

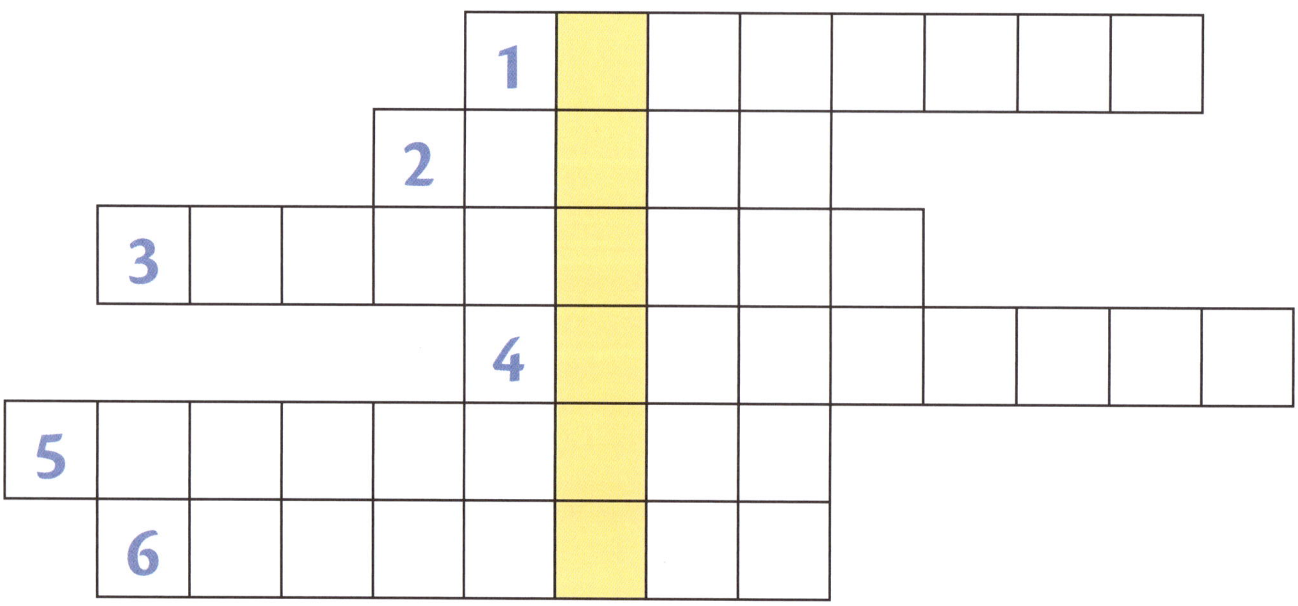

L'animal de compagnie de la classe de CM1 est une ....

DÉFIS DES PETITS GÉNIES

2. Quand un élève dit une phrase affirmative, l'autre dit une phrase négative. Complète les bulles manquantes.

....
....

Je fais
du foot.

Je réussis toujours
mes devoirs
de maths.

....
....

....
....

Je lis un livre
sur les pirates.

Je vais partir
en voyage.

....
....

Je marche
jusqu'à l'école.

....
....

2 Je connais la classe grammaticale des mots

GRAMMAIRE ET ORTHOGRAPHE

SOUVIENS-TOI

- **Tous les mots appartiennent à une classe grammaticale.**
  La classe grammaticale correspond à l'identité du mot (sa nature).
- **Les mots peuvent appartenir aux classes suivantes.**

– **Les noms propres** : ils désignent une personne, une ville, un pays, etc.
Ils commencent toujours par une majuscule.
Exemple : Paris, Julie,...

– **Les noms communs** : ils désignent des personnes, des choses, des animaux, etc.
Ils sont souvent précédés d'un déterminant.
Exemple : valise, liberté, enfant,...

– **Les verbes** : ils servent à désigner une action ou un état.
Exemple : jouer, chantas, parleront, dansait...

– **Les déterminants** : ils précèdent les noms et indiquent leur genre et leur nombre.
Exemple : la, mon, cet, le, une, un, des, ces, vos, notre...

– **Les adjectifs** : ils servent à donner des précisions sur le nom. Ils s'accordent avec le nom.
Exemple : joyeux, drôles, petit, longue, intelligent...

– **Les pronoms** : ils servent à remplacer un nom ou un groupe nominal.
Exemple : je, nous, tu, moi, eux, les, leurs, y, en...

– **Les adverbes** : ils complètent le verbe.
Exemple : joliment, parfois, calmement, soudain, ailleurs...

– **Les prépositions** : elles servent à introduire un complément.
Exemple : à, dans, par, pour, en, vers, avec, de, sans, sous...

– **Les conjonctions de coordination** : elles servent à relier des mots, des propositions ou des phrases.
Exemple : mais, ou, et, donc, or, ni, car.

EXERCE-TOI

1. Observe chaque liste et indique la classe grammaticale des mots qui la composent.

Londres • Berlin • Madrid • Bruxelles • Lisbonne → noms propres

difficile • riches • brillante • aimable • terrible → ....

hier • gentiment • jamais • tristement • demain → ....

vous • elle • on • ils • toi • le sien → ....

2. Complète avec un déterminant qui convient. Suis l'exemple.

- un loup
- .... bois
- .... chevaux
- .... lunettes
- .... pneu
- .... poupée

3. Dans les phrases suivantes, entoure tous les noms communs.

- La météo annonce de fortes pluies.
- Les soigneurs du zoo examinent les chimpanzés.
- Les jeunes enfants font du vélo dans la cour de l'école.

4. Relie chaque groupe nominal à l'adjectif qui le complète.

une villa •	• peureux
des filles •	• polies
un animal •	• sportifs
des garçons •	• spacieuse

CARTE MENTALE DES PETITS GÉNIES

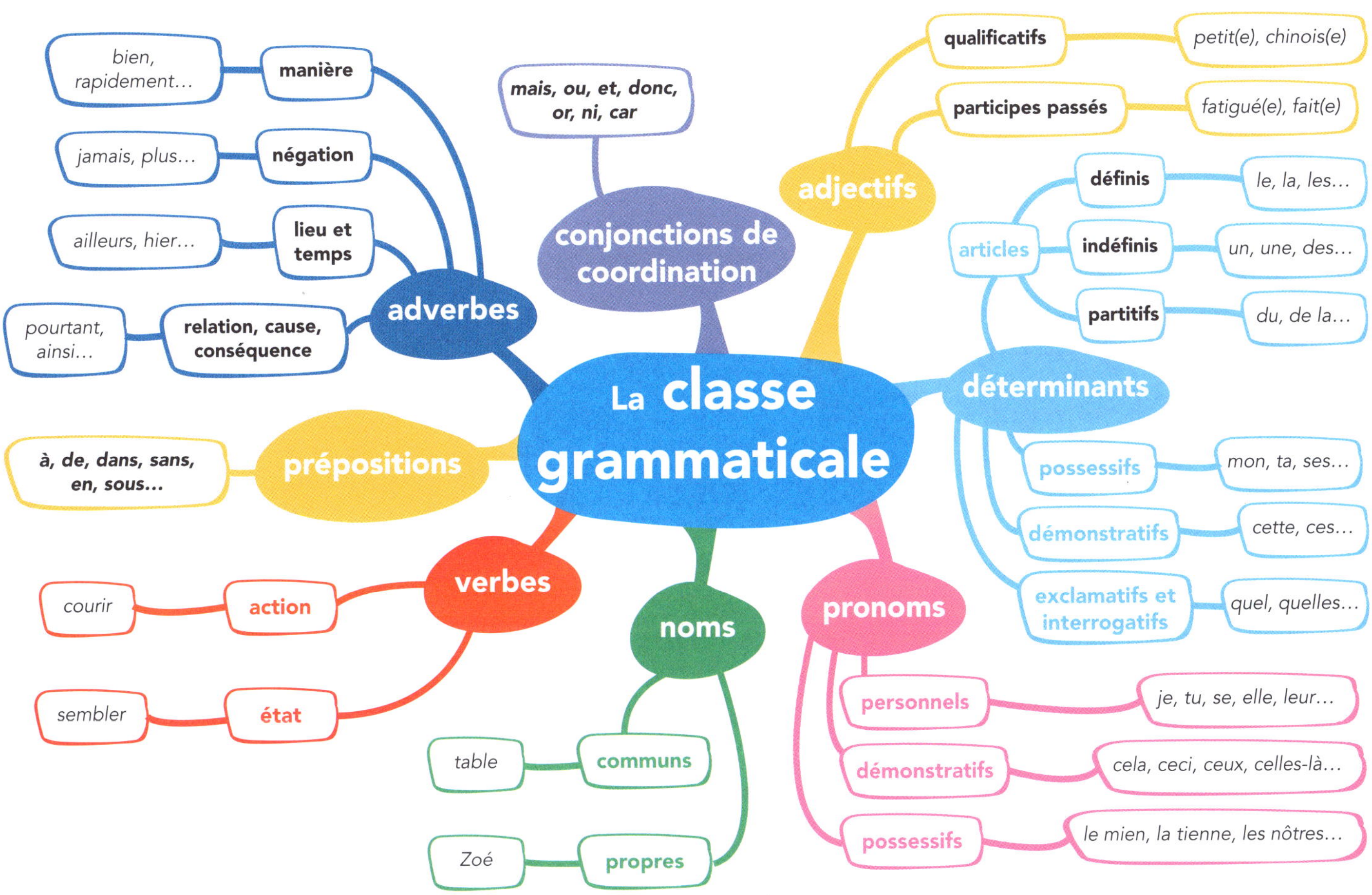

3 Je sais identifier le complément du nom

GRAMMAIRE ET ORTHOGRAPHE

SOUVIENS-TOI

- **Le complément du nom sert à donner des précisions sur un nom. Il est toujours placé après le nom et ne s'accorde ni en genre ni en nombre avec celui-ci.**
- **Il est constitué d'un nom précédé d'une préposition.**

  Exemples : le château de sable — *une tarte à la rhubarbe*
- **Les prépositions qui peuvent introduire le complément du nom sont :**

  à, dans, par, pour, en, vers, avec, de, sans, sous, sur…

EXERCE-TOI

1. Dans le texte suivant, entoure les adjectifs qualificatifs épithètes. Suis l'exemple.

Il était une fois une jeune fille qu'on appelait le petit chaperon rouge. Un jour, sa maman l'envoya porter une délicieuse galette à sa vieille grand-mère. La petite fille rencontra dans les bois le grand méchant loup, qui lui tendit un piège et la dévora. Heureusement, un valeureux chasseur la sauva et on n'entendit plus parler de la bête sauvage.

2. Dans le texte suivant, entoure les compléments du nom.

Je suis parti en colonie de vacances. Nous sommes allés au bord de la mer du Nord et nous avons joué sur la plage de sable fin. Mes amis et moi avons construit des châteaux de sable, puis nous avons tous dégusté une glace à la vanille accompagnée d'un morceau de tarte aux pommes.

3. Ajoute un complément du nom de ton choix, comme dans l'exemple.

- une voiture de collection
- un film ……………………………………
- un bonbon ……………………………………
- le chat ……………………………………
- des bagues ……………………………………
- des lunettes ……………………………………

4. Remplace le complément du nom souligné par un adjectif qualificatif de même sens.

le froid de l'hiver → le froid hivernal

un festin de roi → ……………………………………

un repas de famille → ……………………………………

un jour de pluie → ……………………………………

une tenue d'été → ……………………………………

l'amour de la mère → ……………………………………

5. Remplace l'adjectif souligné par un complément du nom de même sens.

un plat <u>régional</u> → un plat de la région

des couverts <u>argentés</u> → ………………………………

un cri <u>terrifiant</u> → ………………………………

la pollution <u>terrestre</u> → ………………………………

un visage <u>angélique</u> → ………………………………

6. Encadre les noms principaux de ces groupes nominaux.

- un magnifique cheval de course
- une ancienne photographie jaunie
- de délicieux fromages de chèvre
- un chocolat pas assez chaud
- un gaucher fort adroit

7. Associe à chaque groupe le complément du nom qui convient.

au jambon • de ski • à laver • de fées • en or • près du sommet

- un refuge ………………………………
- de nouvelles chaussures ………………………………
- des contes ………………………………
- un énorme sandwich ………………………………
- une machine ………………………………
- de beaux bijoux ………………………………

QUIZ DES PETITS GÉNIES ?

8. Quel complément du nom peut-on ajouter à cette phrase ?

À la sortie …, de nombreux taxis attendent les voyageurs.

a. ☐ de la gare   b. ☐ en autobus   c. ☐ du balcon   d. ☐ à la gare

9. Avec quelle préposition peut-on compléter cette phrase ?

Dans cette région, on trouve un excellent fromage … chèvre.

a. ☐ sans   b. ☐ pour   c. ☐ à   d. ☐ de

10. Quels compléments du nom peut-on ajouter à cette phrase ?

Comme cadeau …, Nicolas a reçu une console … .

a. ☐ pour l'anniversaire / de d'électricité   b. ☐ à Noël / avec jeux
c. ☐ de Noël / dans les jeux   d. ☐ d'anniversaire / de jeux

11. Avec quelles prépositions peut-on compléter cette phrase ?

L'oncle … Florian passe une peinture … la rouille sur la barrière … fer.

a. ☐ à / sur / de   b. ☐ de / contre / en   c. ☐ de / de / de   d. ☐ à / pour / à

12. Quel groupe nominal correspond à cette phrase ?

Les comédiens entrent en scène.

a. ☐ la scène des comédiens   b. ☐ l'entrée sur la scène
c. ☐ l'entrée en scène des comédiens   d. ☐ la scène pour les comédiens

GRAMMAIRE ET ORTHOGRAPHE

4 J'identifie le pluriel des noms et des adjectifs

SOUVIENS-TOI

- **La marque du pluriel est s la plupart du temps.**
  une fleur – des fleurs ; joli – jolis...
- **Les noms et les adjectifs finissant en s, x et z au singulier ne changent pas au pluriel.**
  Exemples : un tapis – des tapis ; une noix – des noix ; courageux – courageux ; le nez – les nez...
- **Les noms et les adjectifs finissant en eau, au et eu au singulier prennent un x au pluriel.**
  Exemples : un oiseau – des oiseaux ; un noyau – des noyaux ; le feu – les feux ; beau – beaux ; nouveau – nouveaux...
  Sauf : *un pneu • des pneus ; un bleu • des bleus.*
- **Les noms et les adjectifs finissant en al ou ail au singulier font leur pluriel en aux.**
  Exemples : un cheval – des chevaux ; un journal – des journaux ; cordial – cordiaux ; régional – régionaux ; un travail – des travaux...
- **Exceptions :** *un chacal – des chacals ; un bal – des bals ; glacial – glacials ; final – finals ; un rail – des rails.*

EXERCE-TOI

1. Mets les groupes nominaux suivants au singulier ou au pluriel.

des pinceaux → ....
un jeu → ....
des feux → ....
des rameaux → ....
des artichauts → ....
des dieux → ....
un bleu → ....
des roseaux → ....
le bouleau → ....
des chevreaux → ....
des veaux → ....
des fagots → ....
des aveux → ....
un cheveu → ....

2. Mets les groupes nominaux suivants au pluriel.

le cadeau → ....
un creux → ....
le neveu → ....
un tableau → ....
le chapeau → ....
un enjeu → ....
le cerceau → ....
un moineau → ....
le noyau → ....
un bureau → ....
l'oiseau → ....
le lieu → ....

3. Mets au pluriel les noms entre parenthèses.

- Les (cheval).. inquiets hennissaient.
- Alexis s'amusait à suivre du regard les péniches qui arrivaient des (canal) .... du Nord.
- Les (chacal) .... s'enfuirent avec des jappements effrayés.
- Les (journal) ....décrivent avec beaucoup de détails les fêtes des trois derniers (carnaval).. .
- Les magistrats rendent la justice dans les (tribunal).. .

4. Mets ces phrases au singulier.

- Ces affreux accidents ont attristé les témoins.

....

- De beaux enfants jouent sur la plage ensoleillée.

....

- Les agneaux suivent les brebis.

....

- Les grands rideaux sont repassés.

....

- Les animaux domestiques rendent de précieux services.

....

CARTE MENTALE DES PETITS GÉNIES

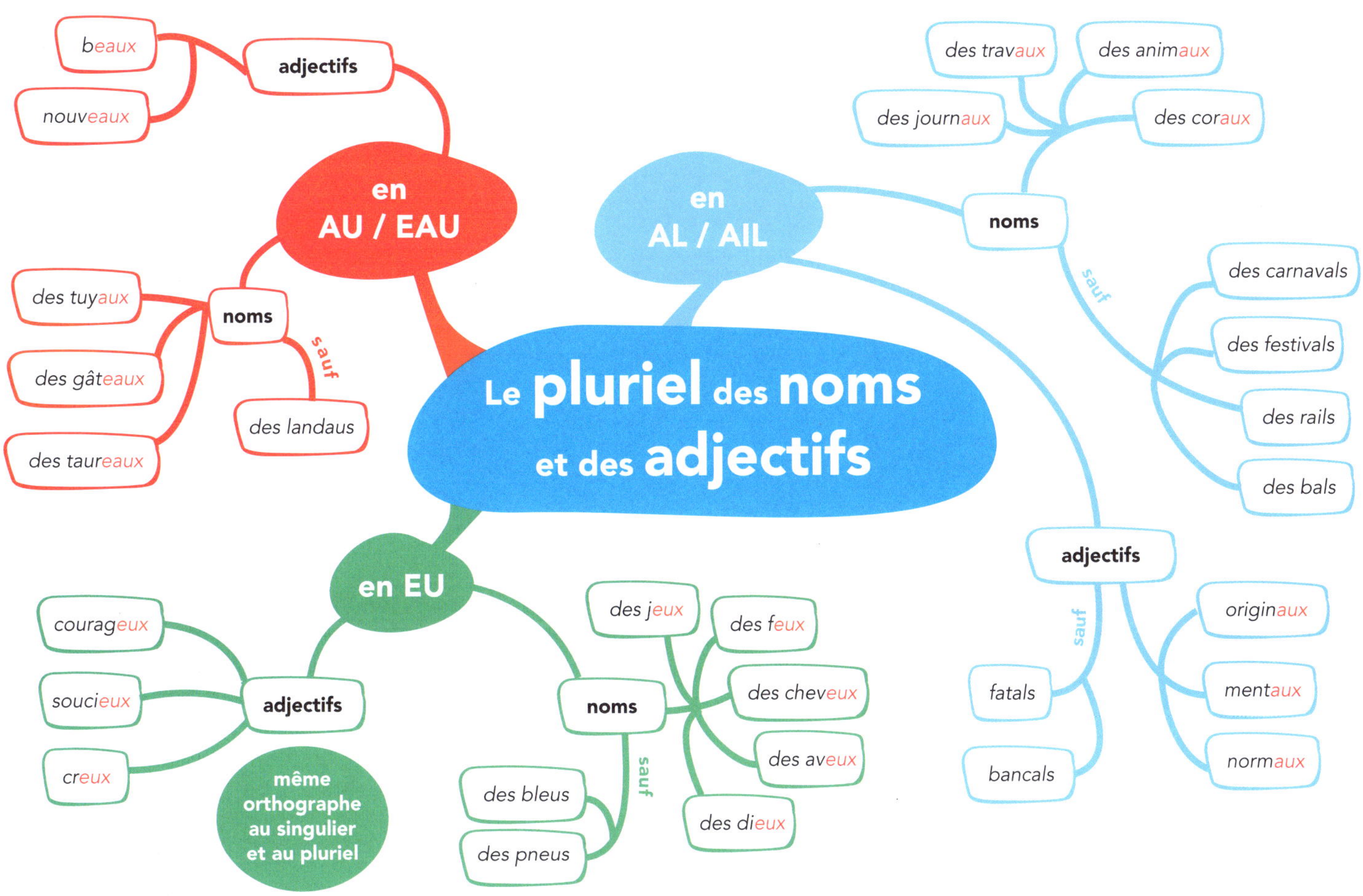

DÉFIS DES PETITS GÉNIES

1. Entoure tous les noms de ces phrases puis retrouve-les dans la grille. Ils peuvent être écrits dans tous les sens, horizontalement, verticalement et en diagonale. Une même lettre peut servir plusieurs fois.

Les tatous sont des animaux joyeux.
Les visiteurs regardent les girafes qui mangent.
Les otaries jouent avec des balles multicolores.
Les chimpanzés grignotent des feuilles.
Le tigre sort ses griffes acérées.
Les petites grues sont sorties de leur nid douillet.
L'ocelot bondit sur sa proie.

V	F	E	U	I	L	L	E	S	S
G	I	R	A	F	E	S	Q	E	T
P	I	S	A	L	U	M	Z	F	E
T	N	O	I	O	U	N	R	F	X
O	I	T	T	T	A	G	T	I	U
L	D	A	O	P	E	R	I	R	A
E	T	R	M	R	R	U	G	G	M
C	E	I	A	O	U	E	R	R	I
O	H	E	O	I	R	S	E	S	N
C	E	S	S	E	L	L	A	B	A

2. Transforme chaque adjectif en complément du nom et réécris la phrase dans la colonne de droite.

Une chaleur estivale	....
Une idée géniale	....
Une anecdote historique	....
Une école renommée	....
Un goûter chocolaté	....
Une histoire imagée	....
Le rôle parental	....
Une sculpture métallique	....
Un collier doré	....
Le Système solaire	....

5 Je sais identifier l'attribut du sujet et l'épithète

GRAMMAIRE ET ORTHOGRAPHE

SOUVIENS-TOI

- **L'adjectif qualificatif peut avoir deux fonctions : attribut du sujet ou épithète.**
- **L'attribut du sujet donne des précisions sur le sujet. On le trouve après un verbe d'état comme** *être*, *paraître*, *sembler*, *devenir*,*demeurer*, *rester*, *avoir l'air*, *passer pour...*

  L'attribut du sujet est le plus souvent :

  – un adjectif.
  (Exemple : Lola est <u>calme</u>.)

  – un nom ou un groupe nominal (GN).
  (Exemple : Plus tard, je deviendrai <u>un grand astronaute</u>.)

  – un pronom.
  (Exemple : Je reste <u>moi-même</u>.)

- **L'épithète fait partie du groupe nominal.**
  Exemple : des jouets <u>neufs</u>.
- **La plupart des épithètes sont placées après le nom qu'elles qualifient. Quelques adjectifs courts se placent avant le nom (***grand*, *petit*, *gros*, *beau***...).**
  Exemple : le <u>beau</u> garçon

Il ne faut pas confondre l'attribut du sujet et le COD qui se trouve après un verbe d'action.

EXERCE-TOI

1. Parmi les phrases suivantes, entoure celles dans lesquelles le groupe de mots souligné est attribut du sujet.

Après leurs sauts, les sportifs sont <u>fatigués</u>.

Les athlètes ont couru <u>le marathon de New York</u>.

Mozart était <u>un grand musicien</u>.

Beethoven savait <u>jouer du piano</u>.

Ma sœur est devenue <u>dentiste.</u>

2. Souligne l'attribut du sujet dans les phrases suivantes.

Napoléon Bonaparte était un général <u>ambitieux</u>.

Les têtards deviendront bientôt des grenouilles.

Mon frère semble content.

Les jeunes basketteurs sont adroits.

QUIZ DES PETITS GÉNIES

1 Quelle phrase est fausse ?

☐ **a.** L'attribut du sujet peut être un pronom.

☐ **b.** L'attribut du sujet est obligatoirement un adjectif.

☐ **c.** L'attribut du sujet est souvent placé après un verbe d'état.

☐ **d.** L'attribut du sujet peut être un groupe nominal.

2 Quelle est la fonction d'un adjectif qui peut être placé <u>avant et après</u> le nom commun qu'il qualifie ?

☐ **a.** attribut du sujet ☐ **b.** épithète

3 Le mot dynamique est-il attribut du sujet ou épithète dans la phrase suivante ?
Cette petite fille est dynamique.

☐ **a.** attribut du sujet ☐ **b.** épithète

3. Souligne l'attribut du sujet et indique si c'est un adjectif, un nom ou un groupe nominal. Suis bien l'exemple.

À cause du soleil, le gazon devient jaune. → adjectif

Les aigles sont de grands prédateurs. → ....

Ce jeune garçon deviendra médecin. → ....

Le sauveteur reste calme. → ....

Ce roman est mon livre préféré. → ....

4. Complète les phrases suivantes avec un adjectif attribut du sujet de ton choix.

- Le château était délabré.
- Cette fille semble ....
- Ces bâtiments paraissent ....
- Le renard est ....

5. Complète les phrases suivantes avec un nom ou un groupe nominal attribut du sujet de ton choix. Suis bien l'exemple.

- Le loup est un animal sauvage.
- Mon ami deviendra ....
- Ces maisons sont ....
- Le fils de la voisine passe pour ....

QUIZ DES PETITS GÉNIES ?

6. Quelle est la fonction grammaticale du mot souligné ?

Placés au four à micro-ondes, les croissants restent chauds.

a. ☐ épithète b. ☐ attribut c. ☐ adverbe d. ☐ préposition

7. Complète la phrase avec les adjectifs qualificatifs qui conviennent.

Samira ôte un à un les .... pétales .... de la marguerite.

a. ☐ longues / blanches b. ☐ longs / blancs c. ☐ longs / blanches d. ☐ longues / blancs

8. Complète la phrase avec les adjectifs qualificatifs qui conviennent.

Des satellites .... tournent autour de notre .... Terre.

a. ☐ artificiels / bonne / vieille b. ☐ artificielles / vieille / bonne

c. ☐ artificiels / longue / vieux d. ☐ naturelles / bon / vieille

6 Je connais les compléments circonstanciels

SOUVIENS-TOI

- **Le complément circonstanciel apporte des précisions à la phrase sur le temps, le lieu, la manière, la cause.**
- **On peut le supprimer ou le déplacer.**
- **On distingue 4 sortes de compléments circonstanciels.**

– Le complément circonstanciel de **lieu (CCL)**. Il indique **où** se déroule l'action.
Dans le grenier, j'ai découvert une vieille malle.

– Le complément circonstanciel de **temps (CCT)**. Il indique **quand** se déroule l'action.
Au Moyen Âge, les seigneurs vivaient dans le donjon du château.

– Le complément circonstanciel de **manière (CCM)**. Il indique **comment** se déroule l'action ou comment advient l'état exprimé par le verbe.
Je suis tombé en courant.

– Le complément circonstanciel de **cause (CCC)**. Il indique la **raison** de l'action ou de l'état exprimé.
Le cycliste s'entraîne pour gagner la course.

EXERCE-TOI

1. Entoure la question qu'il faut poser pour trouver le complément circonstanciel souligné.

- Il est parti en train hier.

Où ? Quand ? Comment ? Pour quelles raisons ?

- Dans le jardin, nous avons planté des fleurs.

Où ? Quand ? Comment ? Pour quelles raisons ?

- Pour bien grandir, il faut manger cinq fruits et légumes par jour.

Où ? Quand ? Comment ? Pour quelles raisons ?

- En faisant du ski, Juliette s'est cassé le genou.

Où ? Quand ? Comment ? Pour quelles raisons ?

2. Complète les phrases avec le complément circonstanciel de ton choix. Suis bien l'exemple.

- Nous avons trouvé des mûres (CCL) au marché.
- Arthur s'est fait mal (CCM) ....
- Mon oncle nous rendra visite (CCT) ....
- Il a acheté ce livre (CCC) ....

3. **Souligne les compléments circonstanciels dans les phrases suivantes.**

- Lundi prochain, j'irai à la piscine à vélo. Je nagerai dans le bassin olympique pour progresser, puis je retournerai me changer dans les vestiaires.
- Sur le chemin de l'école, mes amis et moi avons découvert un oiseau blessé. Délicatement, nous l'avons ramassé, puis nous l'avons apporté à la maîtresse.
- Avec mille précautions, elle l'a soigné et il a pu repartir dans la nature.

4. **Souligne les compléments circonstanciels des phrases suivantes et indique s'ils précisent le lieu (CCL), le temps (CCT), la manière (CCM) ou la cause (CCC) de l'action. Suis bien l'exemple.**

J'aime écouter de la musique en me promenant. → CCM

Dans la forêt, on trouve de nombreux champignons. → ....

Il faut étudier pour réussir ses examens. → ....

Chaque soir, mes parents lisent une histoire à mon petit frère. → ....

L'écureuil se cache sur les plus hautes branches. → ....

Autrefois, les paysans ne possédaient pas de tracteurs. → ....

QUIZ DES PETITS GÉNIES

5. **Quelle est la nature du complément circonstanciel souligné ?**

Afin de retirer de l'argent, M. Paoli attend devant le distributeur de billets.

a. ☐ complément de temps
b. ☐ complément de lieu
c. ☐ complément de manière
d. ☐ complément de cause

6. **Quelle est la nature du complément circonstanciel souligné ?**

Avant de composer le numéro de Coralie, Annie consulte son répertoire.

a. ☐ complément de temps
b. ☐ complément de lieu
c. ☐ complément de manière
d. ☐ complément de cause

7. **Quelle est la nature du complément circonstanciel souligné ?**

Comme l'opération est difficile, tu utilises une calculatrice.

a. ☐ complément de temps
b. ☐ complément de lieu
c. ☐ complément de manière
d. ☐ complément de cause

8. **Quelle est la nature du complément circonstanciel souligné ?**

On a introduit récemment des ours dans les Pyrénées.

a. ☐ complément de temps
b. ☐ complément de lieu
c. ☐ complément de manière
d. ☐ complément de cause

7 J'identifie l'adverbe

SOUVIENS-TOI

L'adverbe est un mot invariable qui précise ou modifie le sens d'une phrase.

- **Les adverbes de lieu :** *Ici, on a le droit de marcher sur la pelouse.*
- **Les adverbes de temps :** *Hier, nous étions à la piscine.*
- **Les adverbes de quantité :** *Il a **moins** de pop-corn que moi.*
- **Les adverbes de manière :** *Il est **confortablement** assis.*
- **Les adverbes d'affirmation :** *Je vais **certainement** aller au marché.*
- **Les adverbes de négation :** *Je n'aime **plus** les épinards.*
- **Les adverbes de doute :** *Les enfants vont **peut-être** aller au parc.*
- **Les adverbes de degré :** *Si, si, je suis **très** belle !*

EXERCE-TOI

1. Classe ces adverbes selon qu'ils expriment le lieu, le temps ou la manière.

hier • peu • ici • partout • aujourd'hui • gentiment • davantage • demain • dehors • maladroitement • à droite • toujours • jamais • en avant • jadis • autrefois • doucement • souvent • derrière • là

Lieu	Temps	Manière

2. Remplace les expressions soulignées par un adverbe.

- marcher avec rapidité ....
- parler de manière correcte ....
- s'y prendre avec habileté ....
- se tenir de façon convenable ....
- avancer avec prudence ....
- parler avec fermeté ....
- répondre de façon polie ....
- dormir avec tranquillité ....
- travailler avec soin ....
- copier avec fidélité ....
- répondre avec franchise ....
- partir avec joie ....

3. Recopie les phrases en enlevant les adverbes.

Les randonneurs ont rarement croisé des ours dans cette forêt. L'aigle ouvre largement ses ailes et s'envole très haut. Nos cousins arriveront rapidement à la maison. Éthan me répondit tout de suite. Aujourd'hui, les piscines sont fermées. Il faut contrôler régulièrement le gonflage des pneus. Le tracteur avance lentement sur les routes de campagne.

……………………………………………………………………………………………

……………………………………………………………………………………………

……………………………………………………………………………………………

……………………………………………………………………………………………

4. Transforme ces phrases en utilisant des adverbes qui ont un sens contraire.

Le coq se lève souvent tôt. Juliette mange beaucoup de frites. Il a atteint le sommet rapidement. Elle n'a plus de carottes. Il ne pense à rien. Dedans, il fait noir. Le vent a fortement claqué la porte. Il joue bruyamment dans sa chambre.

……………………………………………………………………………………………

……………………………………………………………………………………………

……………………………………………………………………………………………

……………………………………………………………………………………………

QUIZ DES PETITS GÉNIES ?

5. Complète la phrase avec l'adverbe qui convient.

Sous l'effet du gel, le trottoir se transforma ………… en patinoire.

a. ☐ environ b. ☐ jamais c. ☐ soudain d. ☐ trop

6. Quel est le sens contraire de celui de l'adverbe souligné ?

*Les scieries sont installées **loin** des forêts.*

a. ☐ surtout b. ☐ presque c. ☐ comme d. ☐ près

7. Quelle est la nature grammaticale du mot souligné ?

*Pourquoi n'as-tu pas renouvelé ton **abonnement** ?*

a. ☐ adverbe b. ☐ nom c. ☐ adjectif qualificatif d. ☐ conjonction

8. Quel est le sens contraire de celui de l'adverbe souligné ?

*Le dimanche, toute la famille Malet se lève **tôt**.*

a. ☐ tard b. ☐ aussitôt c. ☐ plutôt d. ☐ presque

9. Complète la phrase avec les adverbes qui conviennent.

Il fait ………… froid dans cette pièce, mais ………… c'est ………… pire !

a. ☐ plus tôt / maintenant / plus b. ☐ presque / avant / assez

c. ☐ plutôt / dehors / encore d. ☐ vraiment / davantage / bien

8 J'identifie la phrase simple et la phrase complexe

GRAMMAIRE ET ORTHOGRAPHE

SOUVIENS-TOI

- **Une phrase qui ne comporte qu'un verbe conjugué est une phrase simple.**
  Une phrase qui comporte plusieurs verbes conjugués est une phrase complexe.
- **Il y a autant de propositions que de verbes conjugués.**
- **Les propositions sont reliées entre elles par une virgule ou un connecteur logique :**
  et, *puis*, *mais*, *donc*, *car*, *alors*, *qui*...

EXERCE-TOI

1. Entoure les verbes conjugués de ces phrases. Indique si les phrases sont simples ou complexes.

J'ai trouvé un nid d'hirondelles. ➜ ....

Pierre n'a pas pris ses lunettes, sa maman va le gronder. ➜ ....

Il fait froid, alors nous prenons un bonnet. ➜ ....

Aimes-tu les courgettes ? ➜ ....

2. Entoure les verbes conjugués de ces phrases et souligne chaque proposition.

Valentine remporta la course, donc elle gagna une médaille. Nous avons dessiné puis nous avons joué aux échecs. Il part en vacances mais il revient bientôt.

3. Construis des phrases complexes en reliant les deux propositions avec l'un des connecteurs logiques suivants. *mais • puis • donc • car*

Mes frères regardent un film .... ils aiment le cinéma. Béatrice aime les gâteaux .... elle déteste le chocolat. Le garçon court quinze minutes .... il se repose. J'ai peu mangé, ... j'ai encore faim.

4. Transforme chaque phrase complexe en deux phrases simples.

Paul a beaucoup toussé pendant la nuit, alors ce matin il est fatigué. Il n'ira pas à l'école aujourd'hui car il est malade.

....

....

....

5. Transforme les deux phrases simples en une phrase complexe en ajoutant un connecteur logique ou une virgule.

Nous quittons l'appartement. Nous fermons la porte.

→ ....

Le gratin chauffe dans le four. Nous allons bientôt manger.

→ ....

Le robinet est cassé. L'eau coule.

→ ....

J'ai peur. Je ne le montre pas.

→ ....

CARTE MENTALE DES PETITS GÉNIES

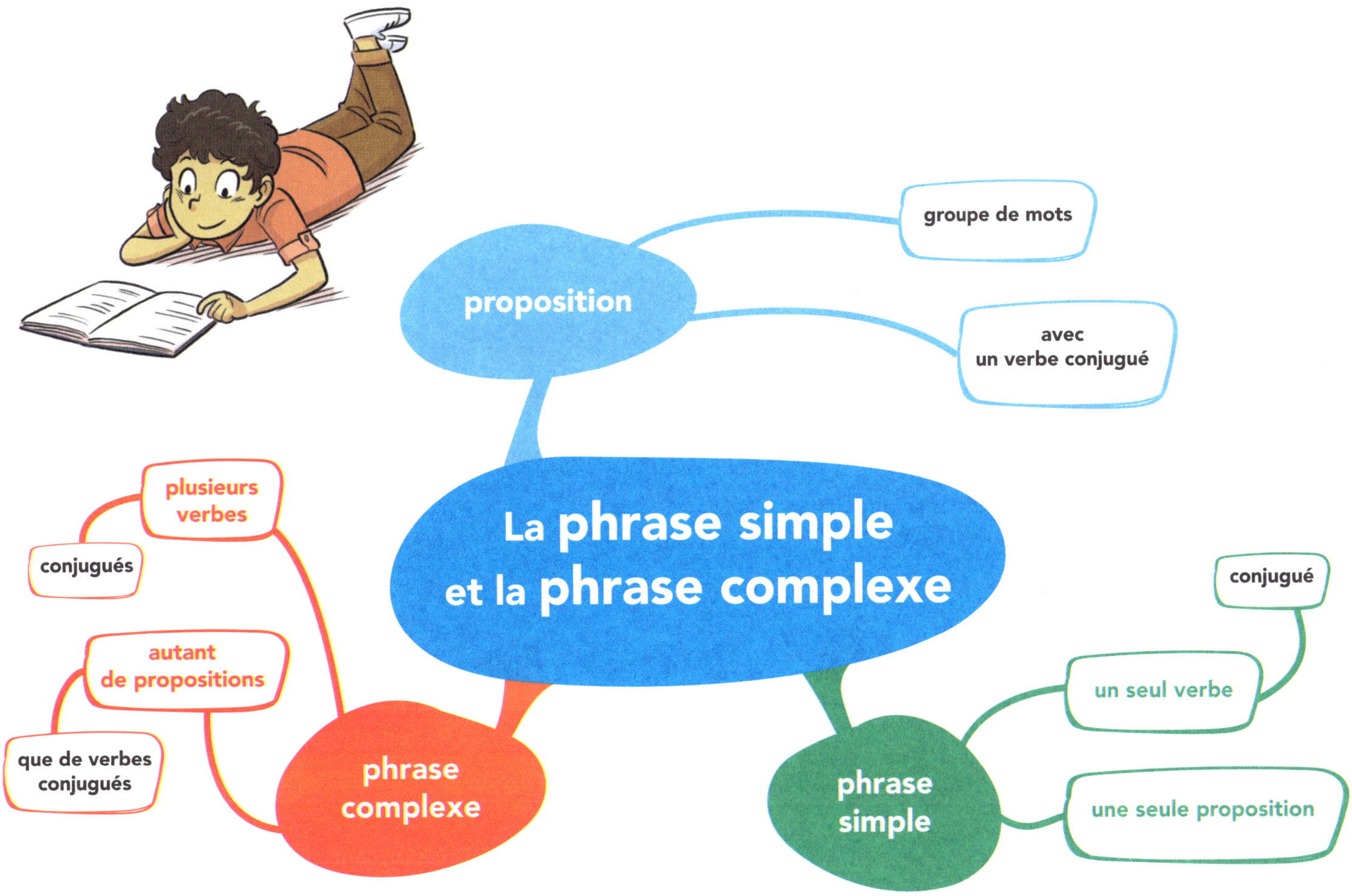

Les chevaux **courent** et **filent** dans le vent.

2 verbes conjugués → 2 propositions

Les chevaux **courent**.

1 seul verbe conjugué → 1 proposition

9 Je connais le complément d'objet

GRAMMAIRE ET ORTHOGRAPHE

SOUVIENS-TOI

- **Le complément d'objet complète le verbe d'action. On ne peut ni le déplacer ni le supprimer.**
- **On distingue 2 sortes de compléments d'objet.**

– **Le complément d'objet direct (COD)**, directement relié au verbe.
Il indique sur quoi ou sur qui porte l'action exprimée par le verbe.
On le trouve en posant les questions **« qui ? »** ou **« quoi ? »** après le verbe.
Exemples : Le jeune garçon croque ***une pomme****.* → *Il croque quoi ? Une pomme.*
Nous écoutons ***notre professeur****.* → *Nous écoutons qui ? Notre professeur.*

– **Le complément d'objet indirect (COI)**, relié au verbe par une préposition.
On le trouve en posant les questions **« à qui ? »**, **« à quoi ? »**, **« de qui ? »**, ou **« de quoi ? »** après le verbe.
Exemples : Nous réfléchissons ***à une solution****.* → *Nous réfléchissons à quoi ? À une solution.*
Nous écrivons ***à nos grands-parents****.* → *Nous écrivons à qui ? À nos grands-parents.*

- **Les compléments d'objet peuvent être des groupes nominaux, des pronoms, des noms…**

Exemples : Je mange ***une tartine grillée****.* → *groupe nominal*
Nous pensons ***à eux****.* → *pronom*
J'écoute ***Anna****.* → *nom propre*

EXERCE-TOI

1. Souligne les COD des phrases suivantes.

- Le cavalier franchit les obstacles avec aisance.
- Nous avons commandé une pizza au fromage.
- Les élèves écrivent une histoire policière.
- Nous en mangeons tous les jours.
- J'aime beaucoup la glace à la vanille.

2. Souligne les COI des phrases suivantes.

- Le mercredi, mes grands-parents jouent aux cartes.
- J'ai longtemps cru aux fées.
- Nos amis parlent de leurs dernières vacances.
- Mes parents sont invités à un bal costumé.
- Je pense beaucoup à toi.
- Elle demande à son ami s'il n'a pas vu passer son chien.

QUIZ DES PETITS GÉNIES

1 Trouve le COD dans la phrase. *Dans la forêt, elle a ramassé des champignons.*

☐ **a.** dans la forêt
☐ **b.** ramassé
☐ **c.** des champignons

2 Un verbe à l'infinitif peut être un complément du verbe conjugué.

☐ **a.** vrai ☐ **b.** faux

3 Ces phrases ont un complément d'objet, sauf une. Laquelle ?

☐ **a.** Il photographie des paysages.
☐ **b.** Dans le ciel se déplacent les nuages.
☐ **c.** Les oiseaux mangent des graines.

3. **Indique si les groupes de mots soulignés sont des COD ou des COI. Suis bien l'exemple.**

- Les voleurs ont dérobé <u>le contenu du coffre</u>. → COD
- Je déguste <u>un très bon dessert</u>. → ....
- Cet enfant ne ment jamais <u>à ses parents</u>. → ....
- Ma sœur <u>leur</u> téléphone tous les soirs. → ....
- Le chef cuisine <u>sa spécialité</u>. → ....
- Ce livre appartient <u>à la bibliothèque municipale</u>. → ....
- Nous <u>les</u> rappellerons plus tard. → ....

4. **Complète les phrases suivantes avec le(s) complément(s) d'objet de ton choix.**

- Le dentiste a soigné (COD) mes caries.
- Ma grand-mère se souvient (COI) ....
- La journaliste rédige (COD) ....
- Chaque matin, je pense (COI) ....
- Le voyageur achète (COD) ....
- J'écris (COD) (COI) ....

CARTE MENTALE DES PETITS GÉNIES

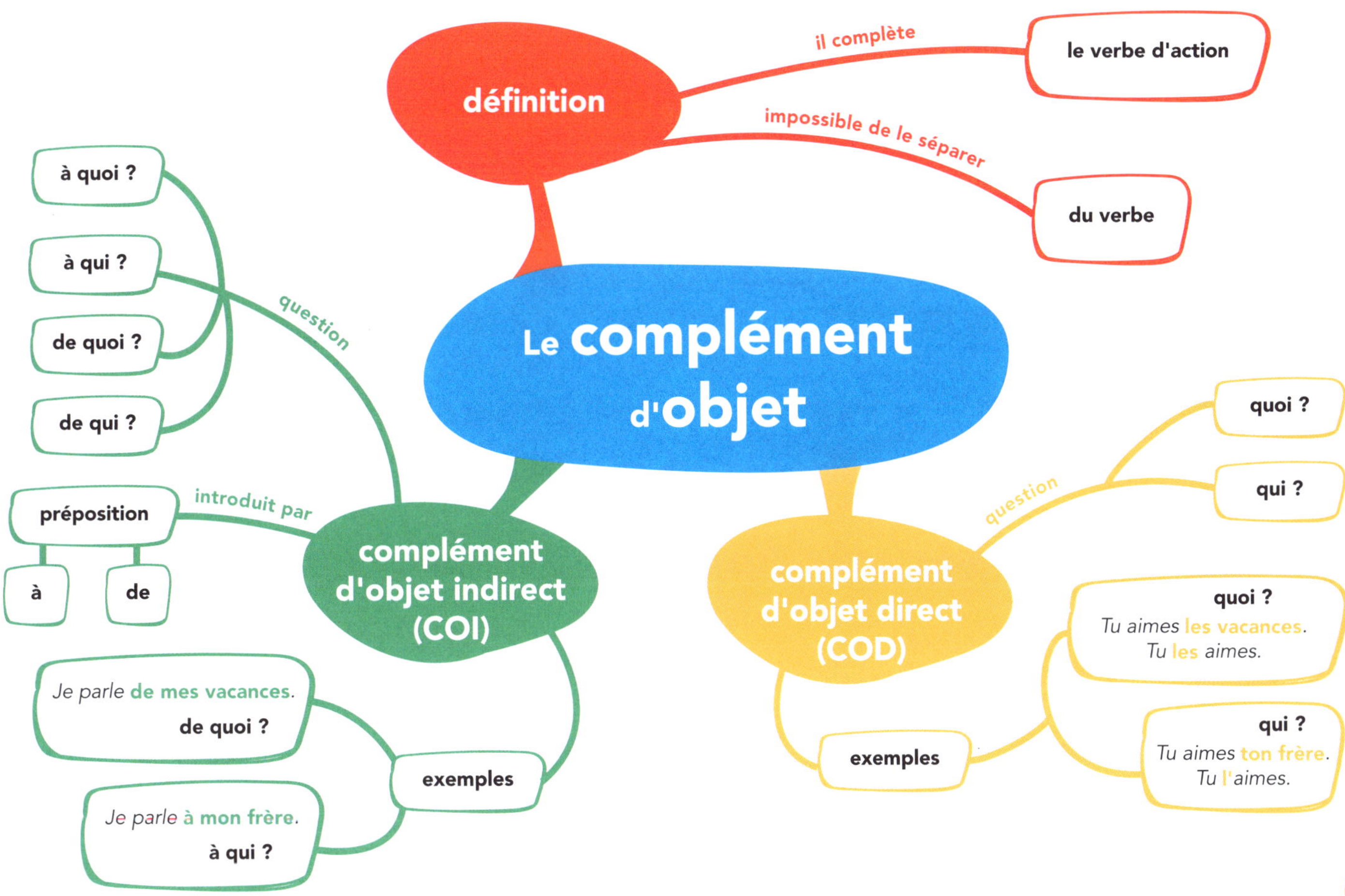

10 J'identifie le sujet du verbe

SOUVIENS-TOI

- Le **sujet** est un **élément essentiel** de la phrase. On ne peut pas le supprimer.
- Le sujet indique **qui fait l'action** ou qui est dans l'état exprimé par le verbe. On peut le trouver en posant la question **« qui est-ce qui ? »** suivie du verbe.

Exemple : La jeune Cendrillon danse avec le prince.

Qui est-ce qui danse ? La jeune Cendrillon.

- Le sujet peut être :

– un **nom propre** ou un **nom commun**
(Exemples : Medhi fait du judo. Mon ami fait du judo.)

– un **groupe nominal**
(Exemple : Les élèves de CM1 partent en classe verte.)

– un **pronom**
(Exemple : Je déteste les choux de Bruxelles.)

– un **verbe à l'infinitif** ou **un groupe infinitif**
(Exemples : Skier est amusant. Apprendre ses leçons est important.)

EXERCE-TOI

1. Souligne le sujet des phrases suivantes, comme dans l'exemple.

- Demain, le groupe de touristes visitera la statue de la Liberté.
- Ma sœur et moi, tous les ans, allons séjourner à la montagne.
- Près de ma maison coule une rivière.
- Chaque jour, nous faisons une dictée en classe.
- Aujourd'hui commencent les vacances.
- Ont-ils raté leur train ?

2. Relie correctement les sujets aux groupes verbaux qui conviennent.

La Lune •	• sont très brillantes cette nuit.
Les étoiles •	• se cache derrière un nuage.
Le Soleil •	• sera pleine demain.
Les satellites •	• tournent autour de la Terre.

3. Indique la classe grammaticale du sujet souligné : nom propre, groupe nominal, groupe infinitif, pronom… Suis bien l'exemple.

Dans son enclos, la girafe regarde passer les visiteurs du zoo. → nom commun

Les deux petits écureuils grimpent au sommet du chêne. → ……………………………

Chaque hiver, vous rentrez les plantes fragiles dans la serre. → ……………………………

Vercingétorix a combattu les Romains en Gaule. → ……………………………

Pour guérir, prendre ses médicaments est essentiel. → ……………………………

4. Construis la phrase avec un sujet appartenant à la classe grammaticale indiquée.

- (nom commun) aiment chasser les souris.
  Les chats aiment chasser les souris.
- (nom propre) joue au football durant la récréation.
  ……………………………………………………………………
- Hier, (pronom) avez fait un gâteau au chocolat.
  ……………………………………………………………………
- (groupe nominal) ont écouté de la musique.
  ……………………………………………………………………
- (pronom) vas à l'école à vélo.
  ……………………………………………………………………

QUIZ DES PETITS GÉNIES ?

5. Quel sujet complète cette phrase ?

……………… pondent des œufs énormes.

a. ☐ Les autruches b. ☐ Vous c. ☐ La tourterelle d. ☐ Il

6. Avec quel mot le verbe souligné s'accorde-t-il ?

Les rétroviseurs de ce véhicule de tourisme sont réglés correctement.

a. ☐ correctement b. ☐ tourisme c. ☐ véhicule d. ☐ rétroviseurs

7. Quels sujets complètent cette phrase ?

Quand ……………… retentit, ……………… sortons en récréation.

a. ☐ le sifflet / vous b. ☐ la sonnerie / nous
c. ☐ elle / les élèves d. ☐ tu / toute la classe

8. Avec quels mots le verbe souligné s'accorde-t-il ?

La passerelle et le passage souterrain permettent de traverser l'avenue sans danger.

a. ☐ la passerelle b. ☐ le passage souterrain
c. ☐ l'avenue sans danger d. ☐ la passerelle et le passage souterrain

11 J'identifie l'accord du verbe avec le sujet

GRAMMAIRE ET ORTHOGRAPHE

SOUVIENS-TOI

- **Le verbe s'accorde toujours avec le sujet, en nombre et en personne.**

  Exemples : Mon ami écoute de la musique. Mes amis écoutent de la musique.

- **Même lorsque le sujet est situé après le verbe, on accorde le verbe avec le sujet. C'est un sujet inversé.**

  Exemples : Près de la maison coule une rivière. Près de la maison coulent deux rivières.
  Viendrez-vous nous rendre visite ? Viendras-tu nous rendre visite ?

EXERCE-TOI

1. Dans les phrases suivantes, entoure le verbe correctement accordé, comme dans l'exemple.

- Ma sœur et moi va / allons à la plage.
- Les chiots découvrent / découvre leur nouvelle maison.
- Lucie et toi aimez / aime beaucoup lire.
- Son fils et sa fille vient / viennent lui rendre visite chaque dimanche.
- La voiture est arrêtée / est arrêté sur le bord de la route.
- Un cheval et une jument court / courent dans le pré.
- Non loin des immeubles passent / passe le train.

2. Choisis le verbe qui convient parmi ceux proposés. *suis partie • sont partis • es partie • suis parti • est partie • sommes partis • sont parties • êtes parties • est parti*

- (Marina) Je suis partie chez ma tante adorée.
- Mes sœurs .... à l'école.
- (Victor) Je .... tôt.
- (Emma et Sarah) Vous .... au ski.
- La maîtresse .... en vacances en Angleterre.
- (Thibault et Slimane) Nous .... au collège.
- Mon père .... travailler.
- (Juliette) Tu .... en Argentine.
- Les élèves de la classe .... en classe de neige.

3. Choisis le verbe qui convient parmi ceux proposés.

chante • chantes • chantons • chantez • chantent

- Mon frère et ma sœur chantent à tue-tête.
- Je .... la chanson apprise à l'école.
- Lesly et toi .... dans une chorale.
- Tous les jours, tu .... sous la douche.
- Harry et moi .... l'hymne national.

4. Conjugue le verbe entre parenthèses au présent. Suis bien l'exemple.

Benjamin et Tom (jouer) jouent au football dans un club.

Nous (être) .... contents de nos résultats.

Dans ce pays d'Afrique (vivre) .... des animaux sauvages.

Chaque jour, ton père et toi (faire) .... la cuisine.

(Écouter) ....-tu souvent de la musique ?

Ma cousine et moi (lire) .... le même livre.

Mes grands-parents (habiter) .... dans le sud de la France.

DÉFIS DES PETITS GÉNIES

5. Souligne les noms principaux des groupes sujets des verbes en couleur.

- Les voyageurs, massés sur le quai, **attendent** le prochain métro.
- Les travaux d'installation des pylônes **dureront** une semaine.
- Les raisins, vendangés ce matin, **fermentent** déjà.

6. Écris les terminaisons des verbes au présent de l'indicatif. Attention aux accords !

- Les coureurs effectu.................. une étape où se succèd.................. trois cols.
- J'aim.................. les jeux qui me rappell.................. l'école maternelle.
- Trois coups de pinceau suffis.................. pour couvrir la feuille.

7. Écris les terminaisons des verbes au présent de l'indicatif. Attention aux accords !

- La navette spatiale qui décoll...... emport...... deux cosmonautes.
- Si vous tomb...... en panne, le remorquage et la réparation coût...... cher.
- Le panneau que pos...... les employés signal...... un virage dangereux.

12 Je repère les accords dans le groupe nominal

GRAMMAIRE ET ORTHOGRAPHE

SOUVIENS-TOI

- Le **groupe nominal** est un groupe de mots réunis autour d'un nom. Ces mots peuvent être de natures différentes : déterminant, adjectif,...
- Le déterminant et l'adjectif qualificatif s'accordent en genre et en nombre avec le nom qu'ils complètent.

  Il habite dans la grande maison verte.
  Il habite dans le grand immeuble vert.

EXERCE-TOI

1. Recopie ces groupes nominaux en les mettant au pluriel. Suis l'exemple.

un travail long et ennuyeux → des travaux longs et ennuyeux

un nez long et droit → ....

une voiture de course rouge → ....

la délicieuse tarte au chocolat → ....

un beau séjour à la campagne → ....

un vieux bateau à voiles → ....

2. Recopie ces groupes nominaux en les mettant au singulier. Suis bien l'exemple.

des jeux de société amusants → un jeu de société amusant

de longues journées d'automne → ....

des fleurs du jardin odorantes → ....

des chiens calmes et affectueux → ....

des généraux très intelligents → ....

des hiboux perchés → ....

3. Recopie ces groupes nominaux en les mettant au féminin. Suis l'exemple.

un facteur serviable → une factrice serviable

un boulanger qualifié → .... un beau loup → ....

un garçon attentif → .... un renard malin → ....

4. Recopie ces groupes nominaux en les mettant au masculin. Suis l'exemple.

une maîtresse joyeuse → un maître joyeux

une reine de carreau → ....

une danseuse élancée → ....

une cuisinière de renom → ....

une belle jument capricieuse → ....

5. Recopie ce texte en accordant les adjectifs entre parenthèses.

Notre **(gentil)** maîtresse a participé à des voyages **(organisé)**. Elle a visité des pays **(chaud)** et **(lointain)** et nous a rapporté de **(beau)** objets **(local)**. Elle est passionnée d'histoires **(fabuleux)** et nous raconte des contes **(venu)** des pays où elle est allée. Bientôt, accompagnée d'un ami, elle partira dans de **(nouveau)** contrées.

6. Entoure les compléments du nom.

- Le gardien de l'immeuble vérifie le fonctionnement de l'ascenseur.
- Je mange des asperges à la crème et une escalope de veau.
- La table de chevet est placée sur un petit tapis de laine.

7. Mets le nom principal de ces groupes nominaux au pluriel et accorde le reste.

une belle pomme de terre → ....

une splendide affiche colorée → ....

un grand verre de limonade → ....

13 Je repère les consonnes doubles

SOUVIENS-TOI

- **Une consonne peut être doublée :**

– **entre deux voyelles** *(exemples : raccourcir • difficile • la colle • la grammaire • un bonnet • terrible • se blottir • la caisse • la mission)*

– **entre une voyelle et les consonnes l et r** *(exemples : le supplément • souffler • acclamer • supprimer • promettre • souffrir).*

- **Lorsqu'une consonne est doublée, il n'y a jamais d'accent sur la voyelle qui précède.**
  Exemples : une échelle • une baguette • le territoire
- **Après une voyelle accentuée, la consonne n'est jamais doublée.**
  Exemples : un bâton • une comète • un père
- **En cas de doute, il est toujours prudent de consulter un dictionnaire.**

EXERCE-TOI

1. Complète les mots avec les consonnes suivantes.

(l / ll)	un ba……on	un ba……ai	le mi……ieu	un mi……ion
(r / rr)	a……oser	le beu……e	cou……ir	un ca……é
(t / tt)	un mo……eur	une le……re	une gro……e	la lu……e
(n / nn)	une rei……e	le to……erre	le te……is	co……aître
(p / pp)	une gra……e	un cha……eau	la gri……e	l'hô……ital

2. Trouve des verbes issus de la même famille que les noms. Suis l'exemple.

le vaccin	→ vacciner	le fouet	→ foue……………………
le savon	→ savo……………………	le début	→ débu……………………
le téléphone	→ télé……………………	le goudron	→ goud……………………
le regret	→ regre……………………	le récit	→ réci……………………

3. Complète ces mots avec une consonne double ou une consonne simple.

Le to………ent cha………ie d'énor………es troncs d'arbres.

Co………e la so………erie ne fonctio………e pas, je fra………e à la porte.

En hiver, la marmo………e so………eille au fond de son te………ier.

14 Je connais le participe passé

GRAMMAIRE ET ORTHOGRAPHE

SOUVIENS-TOI

- **Lorsqu'on entend le son [é] à la fin d'un verbe du 1**

- **Lorsqu'on entend le son [é] à la fin d'un verbe du 1er groupe, il peut s'agir :**
  - d'un participe passé *(Exemple : Harold a terminé son travail.)* ;
  - d'un infinitif *(Exemple : Harold devra terminer son travail.)* ;
  - de la terminaison de la 2e personne du pluriel de certains temps *(Exemple : Vous terminez votre travail.)*.
- **Pour distinguer ces terminaisons,** il suffit de remplacer le verbe du 1er groupe par un verbe du 3e groupe, par exemple *prendre* ; on entend alors nettement la différence.
  - Participe passé : Harold a terminé (pris) son travail.
  - Infinitif : Harold devra terminer (prendre) son travail.
  - La terminaison de la 2e personne du pluriel de certains temps : Vous terminez (prenez) votre travail.

EXERCE-TOI

1. Remplace faire ou fait par un des verbes suivants.

visité • cultiver • exécuter • gagné

- M. Delorme arrache ses vignes pour (faire) .... du maïs.
- Nous avons (fait) .... tous les châteaux de la Loire.
- Un saut périlleux, ce n'est pas facile à (faire) ....
- Avec son invention, M. Charrier a (fait) .... beaucoup d'argent.

2. Complète les verbes avec é, ée ou er.

- Pli......... avec soin, la tente tiendra moins de place.
- L'architecte a dirig......... la construction de ce bâtiment.
- Nomm......... à Nevers, M. Longeon devra déménag......... .

3. Entoure la bonne orthographe.

Nous allons **secoué** / **secouer** tous les tapis. J'ai **gonflé** / **gonfler** les pneus.

4. Complète les verbes avec é, er ou ez.

- Ce rocher doit bien pes..... cinq tonnes.
- Vous espér..... avoir un métier qui vous plaise.
- Le jardinier a arrach..... toutes les mauvaises herbes.

15 Je maîtrise le présent de l'indicatif

CONJUGAISON

SOUVIENS-TOI

- Le **présent de l'indicatif** est utilisé pour exprimer **une action habituelle** ou une action qui **se déroule au moment où l'on parle**.
- Pour former le présent des verbes du 1er groupe comme *chanter*, on ajoute au radical les terminaisons suivantes : e, es, e, ons, ez, ent.

  Exemple : je chante – tu chantes – il chante – nous chantons – vous chantez – ils chantent
- Pour former le présent des verbes du 2e groupe comme *finir*, on ajoute au radical les terminaisons suivantes : is, is, it, issons, issez, issent.

  Exemple : je finis – tu finis – il finit – nous finissons – vous finissez – ils finissent
- Pour former le présent de la plupart des verbes du 3e groupe, on ajoute au radical les terminaisons suivantes : s, s, t, ons, ez, ent.

  Exemple : je ris – tu crois – il sait – nous perdons – vous écrivez – ils lisent
- Les auxiliaires et les verbes les plus courants du 3e groupe se conjuguent comme suit.

– Être : *je suis, tu es, il est, nous sommes, vous êtes, ils sont.*

– Avoir : *j'ai, tu as, il a, nous avons, vous avez, ils ont.*

– Aller : *je vais, tu vas, il va, nous allons, vous allez, ils vont.*

EXERCE-TOI

1. Colorie les verbes conjugués au présent. Suis bien l'exemple.

je chante	tu réussissais	il part	il ira	je lis
nous lançons	vous gagniez	ils faisaient	je donne	tu écrivais
il est	nous aurions	je vais	vous cuisinez	elles sont

2. Ajoute le pronom qui convient.

Tu payes. .... partons.

.... réfléchissons. .... joue.

.... rêvent. .... gagnez.

3. Complète les phrases en conjuguant le verbe au présent, comme dans l'exemple.

- Tous les matins, je (choisir) choisis mes vêtements avec soin.
- Nous (réfléchir) .... afin de résoudre ce problème difficile.
- Tous les matins, vous (écouter) .... les informations à la radio.
- Ses sœurs (partir) .... en voyage en Écosse.

4. Réécris ces phrases en remplaçant les mots soulignés par ceux proposés.

<u>Lucie</u> regarde une série. → Tu regardes une série.

<u>Vous</u> préparez le repas du soir. → Je ....

<u>La jeune fille</u> joue du violon. → Les jeunes filles ....

<u>Nous</u> sommes très heureux. → Mon frère et toi ....

5. Conjugue les verbes suivants au présent. Suis bien l'exemple.

- Nous (être) sommes.
- Vous (avoir) ....
- Elle (gagner) ....
- Ils (danser) ....
- Nous (choisir) ....
- Vous (faire) ....
- Je (réagir) ....
- Je (aller) ....
- Vous (dire) ....
- Ils (lancer) ....

DÉFIS DES PETITS GÉNIES

6. Ajoute les terminaisons des verbes au présent.

- À l'entrée de la ville, les voitures ralenti................. .
- Nous applaudi................. les musiciens qui se produi................. sur scène.
- Les dessins animés plai................. surtout aux jeunes enfants.

7. Complète les phrases avec les verbes suivants conjugués au présent.

concevoir – repartir – commettre

- Après un bref arrêt, le train ....
- Lucas ne .... pas un repas sans dessert.
- Je ne .... pas d'erreur en recopiant ce texte.

8. Complète ces phrases avec les verbes suivants de la même famille que *tenir* :
***appartenir • entretenir • retenir*. Attention à bien les conjuguer au présent.**

- M. Bonnet .... régulièrement sa voiture.
- À qui .... ces objets oubliés sur un banc ?
- Je .... par cœur les numéros de téléphone de mes amis.

16 Je maîtrise le futur de l'indicatif

CONJUGAISON

SOUVIENS-TOI

- Le **futur** est utilisé pour exprimer **une action qui se déroulera plus tard**.
- **Pour former le futur de la plupart des verbes, on ajoute à l'infinitif les terminaisons suivantes : ai, as, a, ons, ez, ont.**

*je chanter**ai** – tu finir**as** – il partir**a** – nous laver**ons** – vous cuisiner**ez** – ils choisir**ont***

- **Les auxiliaires et certains verbes du 3e groupe changent de radical.**

– Être : *je serai, tu seras, il sera, nous serons, vous serez, ils seront*.

– Avoir : *j'aurai, tu auras, il aura, nous aurons, vous aurez, ils auront*.

– Aller : *j'irai, tu iras, il ira, nous irons, vous irez, ils iront*.

– Faire : *je ferai, tu feras, il fera, nous ferons, vous ferez, ils feront*.

– Venir : *je viendrai, tu viendras, il viendra, nous viendrons, vous viendrez, ils viendront*.

– Pouvoir : *je pourrai, tu pourras, il pourra, nous pourrons, vous pourrez, ils pourront*.

– Voir : *je verrai, tu verras, il verra, nous verrons, vous verrez, ils verront*.

– Vouloir : *je voudrai, tu voudras, il voudra, nous voudrons, vous voudrez, ils voudront*.

– Prendre : *je prendrai, tu prendras, il prendra, nous prendrons, vous prendrez, ils prendront*.

EXERCE-TOI

1. Complète les verbes avec la terminaison du futur qui convient. Suis l'exemple.

- Nous sauterons.
- Vous marcher ....
- Tu choisir ....
- Vous sortir ....
- Je partir ....
- Je jouer ....
- Ils tirer ....
- Elle bouger ....
- Ils arrêter ....
- Vous étudier ....

2. Ajoute le pronom qui convient, comme dans l'exemple.

- Tu nageras.
- .... lancerai.
- .... liront.
- .... donnera.
- .... réussira.
- .... laverai.
- .... marcherez.
- .... dormiront.
- .... piloterons.

3. Complète les phrases avec le verbe entre parenthèses conjugué au futur. Suis l'exemple.

- Demain, nous (visiter) visiterons le musée d'Orsay.
- Les jardiniers (tailler) .... les arbustes du parc.
- Je (finir).. de lire ce livre demain.
- Tu (colorier).. ton dessin.
- Elle (réussir) .... facilement son examen.
- Vous (escalader) .... les plus hauts sommets.
- Je (voir) .... ce film au cinéma.
- Ils (aller) .... faire du ski ce week-end.

4. Réécris ce texte au futur.

Le petit garçon va chez sa grand-mère. Il passe les vacances au bord de la mer.
Par sa fenêtre, il voit les vagues et entend les mouettes. Il est heureux.

....

....

....

DÉFIS DES PETITS GÉNIES

5. Écris les verbes entre parenthèses au futur.

- Je (réussir) ....
- Tu (accourir) ....
- Elle (se retenir) ....
- Nous (grandir) ....

6. Relie les pronoms aux verbes conjugués au futur.

Je •	• reviendrons sur nos pas.	Vous •	• ne retiendras pas tes larmes.
Nous •	• franchirai la barrière.	Il •	• ne salira pas son short.
Elles •	• enverront des SMS.	Tu •	• ne pourrez pas ouvrir la porte.

7. Conjugue les verbes entre parenthèses au futur. Attention de bien respecter leur sujet !

- (mourir) Des millions d'abeilles .... à cause de cet insecticide.
- (attendre) Vous .... sagement votre tour dans la file.
- (envahir) Les mauvaises herbes .... la pelouse.

8. Complète ce texte en mettant les verbes suivants au futur à l'endroit qui convient.

atteindre • voir • faire • parvenir • devoir

Lorsqu'ils .... la planète Alpha, les cosmonautes ne .... qu'un paysage désertique. Comme il .... très froid, ils ne .... pas à rester dehors plus de dix minutes. Pour marcher, ils ne .... faire que de petits pas.

DÉFIS DES PETITS GÉNIES

1. Conjugue les verbes de ce texte au futur de l'indicatif.

L'éruption du volcan (être) .... l'une des plus importantes des cent dernières années. Les volcanologues (avoir) .... les yeux rivés sur le volcan. Les journalistes (pouvoir) .... couvrir l'événement depuis un lieu sécurisé. La chef des volcanologues (passer) .... en direct à la télévision pour parler de ce phénomène. Après l'éruption, le maire de la ville (organiser) .... le retour des habitants. L'éruption (provoquer) .... certainement de nombreux dégâts aux alentours.

DÉFIS DES PETITS GÉNIES

2. Retrouve 6 verbes conjugués au futur dans la grille.
Ils sont écrits horizontalement ou verticalement, et ne se croisent pas.

V	H	A	V	A	I	S	A
E	Z	D	P	K	S	L	C
R	X	E	R	N	E	V	L
R	C	V	E	L	R	C	A
O	V	R	N	A	E	V	I
N	F	A	D	V	Z	B	R
S	C	D	S	E	T	H	A
V	O	Y	I	O	N	S	I
P	E	N	S	E	R	A	I
P	A	I	E	R	A	O	N

1. ....

2. ....

3. ....

4. ....

5. ....

6. ....

17 Je maîtrise l'imparfait de l'indicatif

CONJUGAISON

SOUVIENS-TOI

- L'**imparfait** est un temps du passé. On l'utilise pour **exprimer une habitude dans le passé**, **une action** ou **un état qui a duré**.
- Pour former l'imparfait de la plupart des verbes, on ajoute au radical les terminaisons suivantes : ais, ais, ait, ions, iez, aient.
  *Exemple : je chant**ais** – tu chant**ais** – il chant**ait** – nous chant**ions** – vous chant**iez** – ils chant**aient***
- Pour les verbes du 2e groupe, il faut mettre ss avant la terminaison.
  *Exemple : je fini**ss**ais – tu fini**ss**ais – il fini**ss**ait – nous fini**ss**ions – vous fini**ss**iez – ils fini**ss**aient*
- Attention ! Pour les verbes en cer comme *avancer*, il faut transformer le c en ç devant les terminaisons ais, ait et aient.
  *Exemple : j'avan**ç**ais – tu avan**ç**ais – elle avan**ç**ait – ils avan**ç**aient*
- Pour les verbes en ger comme *nager*, il faut ajouter un e après le g devant les terminaisons *ais*, *ait* et *aient* :
  *Exemple : je nag**e**ais – tu nag**e**ais – elle nag**e**ait – ils nag**e**aient*

EXERCE-TOI

1. Ajoute le pronom qui convient, comme dans l'exemple.

- Je jouais.
- .... fabriquaient.
- .... marchais.
- .... ramait.
- .... réfléchissions.
- .... réussissiez.
- .... parlait.
- .... réagissais.

2. Complète les phrases en conjuguant le verbe à l'imparfait.

- Les alpinistes (grimper) .... au sommet de l'Everest.
- Tom et toi (partir) .... skier ensemble.
- Je (trébucher) .... sur le sentier rocailleux.

3. Réécris ce texte à l'imparfait.

Chaque matin, les enfants partent à pied à l'école. À mi-chemin, ils rencontrent leurs amis et ils finissent le trajet ensemble. Au portail, la maîtresse salue les élèves, puis elle sonne la cloche.

....

....

....

4. Complète le tableau en conjuguant les verbes à l'imparfait.

	NAGER	GRANDIR
Je	....	....
Tu	....	....
Il	....	....
Nous	....	....
Vous	....	....
Elles	....	....

5. Conjugue les verbes à l'imparfait, puis cherche-les dans la grille.

- Nous (marcher) marchions.
- Il (venir)......................... .
- Nous (crier)................... .
- Elles (nager)................... .
- Vous (ranger)...................... .
- Vous (obéir)....................... .
- Je (rejouer)......................... .

O	O	H	T	W	L	V	N	D	Y	M
K	B	M	N	K	A	M	G	O	G	J
O	B	É	E	S	I	A	G	G	A	G
T	N	E	I	A	I	R	R	B	S	S
I	K	Q	A	S	A	C	L	N	I	X
A	V	L	E	N	S	H	O	A	A	Z
N	T	K	G	V	X	I	U	G	T	G
E	J	I	A	C	I	O	E	M	T	O
V	E	R	N	R	J	N	R	Z	A	M
Z	L	M	C	E	E	S	J	A	P	K
R	I	Y	R	P	L	F	Y	Z	P	F

6. Conjugue ces verbes à l'imparfait.

- Tu (réussir) ....
- Vous (lire) ....
- Nous (obéir) ....
- Il (s'enfuir) ....
- Je (surgir) ....
- Elles (écrire) ....

7. Trouve l'infinitif de ces verbes conjugués à l'imparfait. Note-le.

Nous apercevions le mont Saint-Michel. → ....

Il fallait éteindre avant de sortir. → ....

Je choisissais toujours un numéro pair. → ....

Les navigateurs se plaignaient du manque de vent. → ....

8. Mets les verbes entre parenthèses à l'imparfait.

- Tu (accourir) .... dès que tu (sentir) .... la bonne odeur des crêpes.
- Vous (se plaire) .... au parc d'attractions.
- Les enfants (bâtir) .... des châteaux de sable que les vagues (détruire) .... dès que la marée montante les (atteindre) ....

18 Je maîtrise le passé composé de l'indicatif

CONJUGAISON

SOUVIENS-TOI

- **Le passé composé permet d'exprimer des actions terminées au moment où l'on parle.**
- **Pour former le passé composé, on utilise les auxiliaires avoir ou être conjugués au présent + le participe passé du verbe.**

Exemple : j'ai chanté – tu as chanté – il a chanté – nous avons chanté – vous avez chanté – ils ont chanté

Exemple : je suis allé(e) – tu es allé(e) – elle est allée – nous sommes allé(e)s – vous êtes allé(e)s – ils sont allés

- **Les verbes du 1er groupe ont un participe passé finissant en é :** *parlé, chanté, nagé.*
- **Les verbes du 2e groupe ont un participe passé finissant en i :** *fini, réussi, obéi.*
- **Les verbes du 3e groupe peuvent avoir un participe passé finissant en i, is, it, t, u, û, é :** *rempli, pris, traduit, fait, voulu.*

Attention !
Avec l'auxiliaire être, on accorde le participe passé avec le sujet : *il est tombé, elle est tombée, ils sont tombés, elles sont tombées.*

EXERCE-TOI

1. Complète ce texte avec l'auxiliaire être ou avoir conjugué au présent.

L'été dernier, nous avons visité l'Écosse. Nous y .... allés en avion, puis nous ....loué une voiture. Ma sœur .... eu peur dans un château donc elle .... vite sortie dans le parc. Je .... tombé sous le charme des paysages et j'.................... décidé d'y retourner bientôt. Mes parents, eux, ... adoré les *lochs* et .... amélioré leur anglais.

2. Trouve le participe passé des verbes suivants.

danser	→ dansé	finir	→ ....
prendre	→	venir	→ ....
aller	→	décider	→ ....
partir	→	voir	→ ....
avoir	→	être	→ ....
faire	→	choisir	→ ....

3. Complète les phrases en conjuguant le verbe au passé composé. Suis l'exemple.

- Tu (acheter) as acheté un nouveau vélo.
- Les maraîchers (cueillir) .... des salades dans la serre.
- Hier, nous (rencontrer) .... nos correspondants.
- Ma sœur (faire) .... une blague à son amie.
- Inès et toi (lire) .... ces livres.

4. Complète les phrases en conjuguant le verbe au passé composé, comme l'exemple.

- Tu (aller) es allé(e) en Chine pour le travail.
- Elle (partir) .... en taxi.
- Je (tomber) .... sur la piste noire.
- Ils (repartir) .... par ce sentier.
- Nous (rentrer) .... dans la salle de concert.

5. Complète ces phrases en conjuguant le verbe au passé composé.

- Nous (apercevoir) .... les premiers champs de lavande.
- Les enfants (s'installer) .... sur le manège.
- Le boucher (trancher) .... de belles escalopes.

CARTE MENTALE DES PETITS GÉNIES

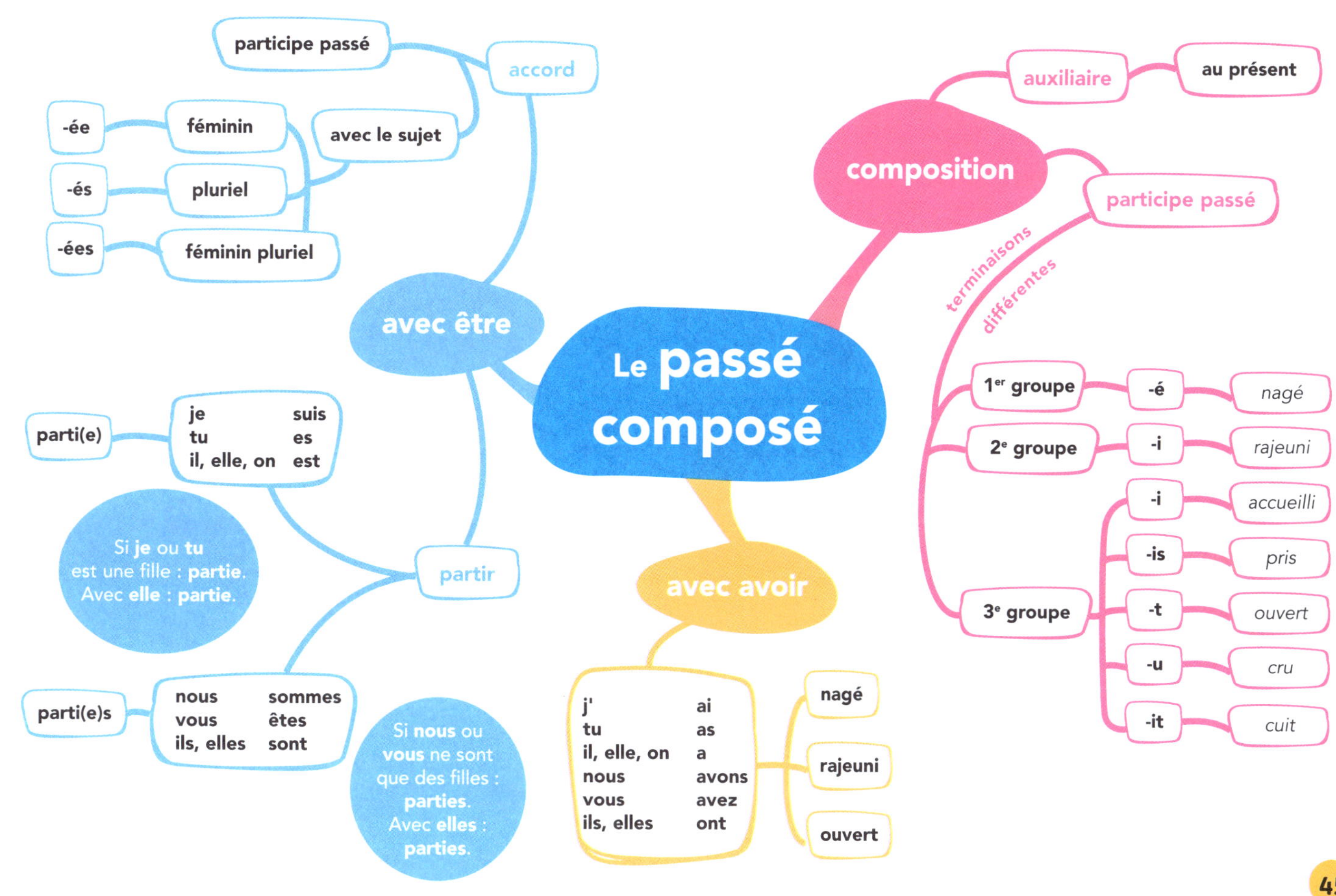

19 Je maîtrise le passé simple de l'indicatif

CONJUGAISON

SOUVIENS-TOI

- **Le passé simple est utilisé dans les récits. Il permet d'exprimer une action qui a eu lieu à un moment précis ou soudain dans le passé.**
- **Pour former le passé simple des verbes du 1er groupe comme** *chanter*, **on ajoute au radical les terminaisons suivantes :** ai, as, a, âmes, âtes, èrent.

  Exemple : je chantai – tu chantas – il chanta – nous chantâmes – vous chantâtes – ils chantèrent
- **Pour former le passé simple des verbes du 2e groupe comme** *finir*, **on ajoute au radical :** is, is, it, îmes, îtes, irent.

  Exemple : je finis – tu finis – il finit – nous finîmes – vous finîtes – ils finirent
- **Le passé simple du verbe avoir est :** j'eus, tu eus, il eut, nous eûmes, vous eûtes, ils eurent.
- **Le passé simple du verbe être est :** je fus, tu fus, il fut, nous fûmes, vous fûtes, ils furent.

EXERCE-TOI

1. Colorie les verbes conjugués au passé simple, comme dans l'exemple.

Je dansai.	Il partagea.	Je jouai.
Nous gagnions.	Je finissais.	Il réussit.
Vous eûtes.	Ils gagnaient.	Elles choisissent.
Vous parlâtes.	Je volais.	Il arriva.
J'écouterai.	Tu bougeas.	Nous criâmes.
Tu pleuras.	Nous partîmes.	On parlait.

2. Complète le tableau en conjuguant les verbes au passé simple.

	1re pers. du sing.	3e pers. du sing.	3e pers. du plur.
Encourager	J'encourageai.	Il encouragea.	Elles encouragèrent.
Être			
Avoir			
Réfléchir			
Avancer			
Partir			

3. Complète les phrases par les verbes entre parenthèses conjugués au passé simple. Suis bien l'exemple.

- En rentrant de l'école, Ilona (ranger) rangea son cartable.
- Les élèves (choisir) .... leur poésie préférée.
- Elle (avoir) .... beaucoup de chance de ne pas s'être fait mal.
- Les chiens (aboyer) .... quand le tonnerre (éclater) ....
- Le cuisinier (remuer) .... la sauce et la (verser) .... sur les pâtes.
- Nous (être) .... heureux d'avoir pu vous rencontrer.
- Le facteur (apporter) .... un colis à ma mère.
- Les ouvriers (travailler) .... pour terminer le chantier.

4. Réécris ce texte au passé simple.

Blanche-Neige part en courant dans la forêt. Elle arrive dans une clairière et y trouve une maison. Dans la maison, sept nains l'accueillent et lui proposent de rester auprès d'eux. Elle accepte volontiers.

CARTE MENTALE DES PETITS GÉNIES

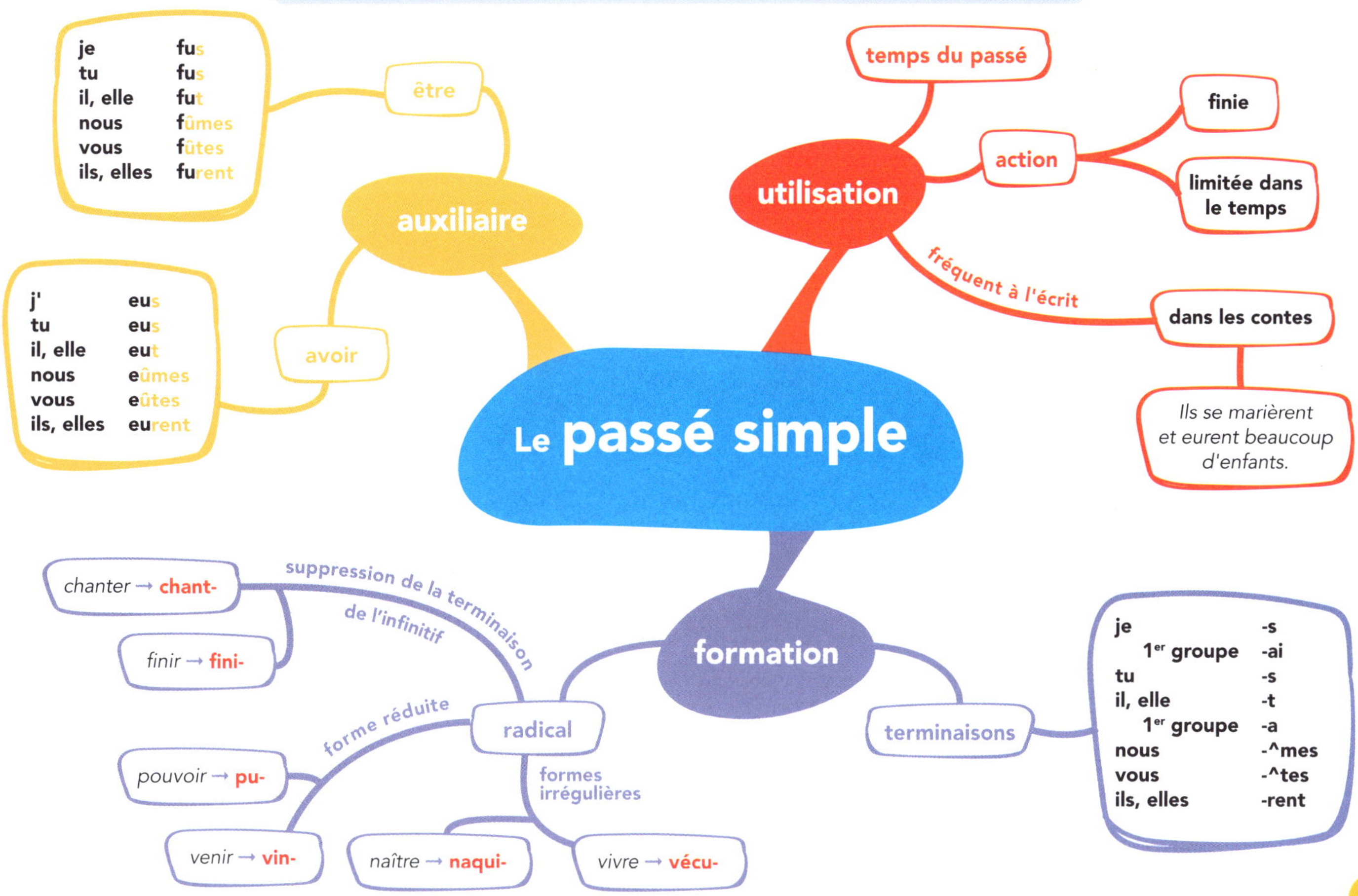

20 Je reconnais les homophones grammaticaux

VOCABULAIRE

SOUVIENS-TOI

- **Il ne faut pas confondre ont et on.**
  Ont est le verbe avoir au présent : je peux le remplacer par avaient.
  Exemples : Ils ont soif. → Ils avaient soif. *On danse. → ~~Avaient~~ danse.*
- **Il ne faut pas confondre sont et son.**
  Sont est le verbe être au présent : je peux le remplacer par étaient.
  Exemples : Ils sont amis. → Ils étaient amis. *C'est son ami. → C'est ~~étaient~~ ami.*
- **Il ne faut pas confondre la et là.**
  La est un déterminant ou un pronom : je peux le remplacer par une ou le.
  Là peut être remplacé par ici.
  Exemples : C'est la directrice. → C'est une directrice. *Je la connais. → Je le connais.*
  Il habite là. → Il habite ici.
- **Il ne faut pas confondre l'a et l'as.**
  L'as est un pronom personnel (le ou la) accompagné du verbe avoir, conjugué au présent de l'indicatif à la **2**e personne du singulier.
  L'a est un pronom personnel (le ou la) accompagné du verbe avoir, conjugué au présent de l'indicatif à la **3**e personne du singulier.

EXERCE-TOI

1. Complète avec ont ou on. Suis l'exemple.

- Les touristes ont visité le Louvre et .... acheté des souvenirs.
- Demain, ... ira faire des achats, puis .... déjeunera au restaurant.
- .... sait que les jeunes enfants .... besoin de douze heures de sommeil.
- Ils .... promené le chien et .... découvert une grotte.

2. Complète avec sont ou son. Suis l'exemple.

- Les arbres sont tombés sur la route de .... village.
- .... père et .... oncle .... allés allumer le barbecue.
- Hier, ils .... partis très tôt et .... arrivés à l'heure du dîner.
- .... véhicule est tombé en panne : lui et ses enfants .... donc venus en train.

3. Complète avec la ou là. Suis l'exemple.

- C'est la fille de Jules, je .... connais depuis longtemps.
- Elle habite ...., dans .... maison près de .... rivière.
- Reste ...., je vais chercher .... trousse de secours.

4. Complète avec l'as ou l'a.

Sa lettre, ... -tu reçue ? Juliette ....envoyée il y a trois jours. Elle est partie en Italie et a vu la chapelle Sixtine. Elle .... visitée lorsqu'elle est arrivée. Mais la chaleur .... rendue malade et elle est repartie hier. Tu .... sûrement appris par sa maman. Elle .... envoyée chez le médecin dès son retour.

5. Remplace les mots entre parenthèses par on ou ont.

- En quelques minutes, (l'électricien) .... répare l'interrupteur du salon.
- Les tableaux exposés au Louvre (avaient) .... de la valeur.
- Du haut du mont Thabor, (l'alpiniste) .... admirera le paysage.

6. Entoure les seuls mots qui conviennent dans ces phrases.

- Quand **on** / **ont** veut décorer le sapin, **on** / **ont** pend des boules.
- Ces marionnettes **on** / **ont** des fils ; d'autres **on** / **ont** une gaine de tissu.
- **On** / **ont** ne doit pas gêner ceux qui **on** / **ont** besoin de silence.

7. Complète par on ou ont.

- Lorsqu'il pleut, ... s'ennuie à mourir seul chez soi.
- Quand ira-t .... se poser sur la planète Mars ?
- Les boulangers .... conservé le secret du bon pain.

8. Complète les phrases avec la, l'a ou l'as.

- Julie dormait lorsque .... sonnerie .... réveillée.
- Tu es tombé, mais tu .... un peu cherché car tu courais trop vite.
- Marc as bu .... limonade et il .... trouvée excellente.

9. Entoure la bonne orthographe.

Jimmy n'a pas bien écouté **sa** / **ça** maman lorsqu'elle lui a demandé d'aller faire les courses à **sa** / **ça** place. **La** / **Là** liste est restée sur **la** / **l'a** table de la cuisine. Sa maman n'est pas contente : « Tu **l'a** / **l'as** oubliée **la** / **là** ; **ça** / **sa** ne m'étonne pas. »

10. Complète les phrases avec sa ou ça.

- .... fait deux mois que Loris n'a pas vu .... tante.
- Une pareille histoire, ... ne s'invente pas !
- Si ....ne t'ennuie pas, je souhaite que tu accompagnes............copine.

21 Je repère les déterminants numéraux

VOCABULAIRE

SOUVIENS-TOI

- **Les déterminants numéraux cardinaux indiquent une quantité précise.**

  On les appelle souvent les **nombres**.
  Ils se placent **devant le nom** et ils sont **invariables**.

  Exemples : cinq marches – quarante-deux tours – trois cent soixante-cinq jours

- **Les déterminants numéraux ordinaux indiquent le rang ou l'ordre. Ils s'accordent comme les adjectifs qualificatifs.**

  Exemples : les premiers mois – les dixièmes rangs – les dernières minutes

- **Les noms** tels que *douzaine*, *trentaine*, *centaine*, *millier*, *million*, *milliard* ainsi que *moitié*, *quart*, *dixième*, *centième*, *millième*, qui désignent les parties d'un tout, s'accordent.

  Exemples : deux douzaines d'oeufs – des milliards d'étoiles – deux moitiés

EXERCE-TOI

1. Écris ces nombres en lettres.

- 14 .... pièces
- 73 .... points
- 21 .... étages
- 45 .... lignes
- 19 .... mètres
- 57 .... numéros

2. Relie les nombres en chiffres aux nombres en lettres.

1 230	24 510	843	2 000 000
•	•	•	•
•	•	•	•
deux millions	huit cent quarante-trois	mille deux cent trente	vingt-quatre mille cinq cent dix

3. Entoure le déterminant correct.

- Dans une demi-douzaine, il y a **sept** / **six** escargots.
- L'eau bout à **cent** / **cents** degrés.
- La bibliothèque possède **deux milles** / **deux mille** livres.

22 Je distingue TOUT, TOUS, TOUTE, TOUTES

VOCABULAIRE

SOUVIENS-TOI

- **Il ne faut pas confondre tout, toute, tous, toutes.**
  - **Tout, toute, tous, toutes sont des déterminants indéfinis, qui s'accordent avec les noms qu'ils déterminent.**

Tu ranges tout ton matériel. — *Tu ranges toute ta boîte de couleurs.*
Tu ranges tous tes pinceaux. — *Tu ranges toutes tes brosses.*

  - **Tout, tous, toutes sont des pronoms indéfinis, qui remplacent des noms.**

À midi, le matériel sera rangé. → *À midi, tout sera rangé.*
À midi, les pinceaux seront rangés. → *À midi, tous seront rangés.*
À midi, les brosses seront rangées. → *À midi, toutes seront rangées.*

  - **Tout est un adverbe invariable qui se place devant un adjectif qualificatif ou un autre adverbe. Pour le reconnaître, on peut le remplacer par tout à fait.**

Tout (Tout à fait) étonné, il s'approche tout (tout à fait) doucement.
Tout (Tout à fait) étonnée, elle s'approche tout (tout à fait) doucement.
Tout (Tout à fait) étonnés, ils s'approchent tout (tout à fait) doucement

Devant un adjectif féminin débutant par une consonne, l'adverbe tout s'accorde pour ne pas choquer nos oreilles.
Toute surprise, elle s'approche tout doucement.

EXERCE-TOI

1. Complète avec tout, tous, toute, toutes.

- .... les matins
- .... le circuit
- .... les calculs
- .... les poissons
- .... la journée
- .... les chariots
- .... la classe
- .... le temps
- .... les rivières
- .... les semaines
- .... la vie
- .... les chances

2. Relie chaque phrase au mot qui la complète.

On affirme souvent que .... peine mérite salaire. •	• tout
Yannick dit .... le contraire de ce qu'il pense. •	• toute
L'explorateur surmonte .... les difficultés. •	• tous
Tu as donné .... tes anciens jouets. •	• toutes

3. Complète avec tout ou tous.

On croyait le classement de la course définitif, mais les .... derniers coureurs à franchir la ligne d'arrivée l'ont modifié en réalisant des temps .... à fait exceptionnels. .... les chronométreurs n'en croient pas leurs yeux : .... les records sont battus.

23 Je distingue le participe passé en É ou l'infinitif en ER

VOCABULAIRE

SOUVIENS-TOI

- **Le participe passé employé en tant qu'adjectif s'accorde en genre et en nombre avec le nom qu'il complète.**

  Exemples : un garçon énervé — *une fille énervée*
  des garçons énervés — *des filles énervées*

- **Le participe passé employé avec l'auxiliaire être s'accorde en genre et en nombre avec le sujet du verbe.**

  Exemples : Un garçon est tombé. — *Une fille est tombée.*
  Des garçons sont tombés. — *Des filles sont tombées.*

- **Le participe passé employé avec l'auxiliaire avoir ne s'accorde pas avec le sujet du verbe.**

  Exemples : Un garçon a dansé. — *Une fille a dansé.*
  Des garçons ont dansé. — *Des filles ont dansé.*

- **Attention : il ne faut pas confondre les terminaisons du participe passé et de l'infinitif, qui se prononcent pareil.**

  Exemples : Elle va rentrer. — *Il est rentré.*

EXERCE-TOI

1. Reprends le participe passé et accorde-le avec le groupe nominal proposé. Suis l'exemple.

un garçon enjoué → des filles enjouées

un cahier déchiré → des feuilles..

des voitures cabossées → des tracteurs ....

un verre rempli → une carafe ....

mon plat préféré → mes desserts ....

un bâtiment encombré → des pièces ....

2. Accorde les participes passés des phrases suivantes, comme dans l'exemple.

- Les phares sont allumés, mais la voiture est arrêt..........
- Le champ est cultiv.......... et le blé sera fauch..........
- Denis est vaccin.......... contre la grippe.
- Les filles sont rest.......... dans la classe tandis que les garçons sont all.......... dans la cour.
- Les fruits sont cueill.......... puis ils sont envoy.......... dans les commerces.

3. Accorde les participes passés dans ces phrases.

Les randonneurs sont allés dans la forêt et ils ont ramass.......... des champignons. Ils ont aussi trouv........ des châtaignes et des marrons. Ensuite, ils ont travers...... une rivière, puis ont grimp....... au sommet de la colline. Ils ont admir........ la vue, puis sont redescend........ par un autre chemin.

4. Recopie les phrases en mettant les groupes nominaux en gras au pluriel et en faisant tous les accords nécessaires. Suis bien l'exemple.

Mon ami dévoué est arrivé par le train de 18 heures.
Mes amis dévoués sont arrivés par le train de 18 heures.

Le bûcheron a coupé **la branche endommagée**.

....

Cette robe a été cousue à la main par **une couturière douée**.

....

Le pâtissier a fabriqué **un gâteau très sucré**.

....

DÉFIS DES PETITS GÉNIES

5. Complète les phrases avec ces participes passés.

rougi • conduit • hésité • fermé

- Les élèves ont .... les fenêtres.
- Marie et Emma ont .... les auto-tamponneuses.
- Le froid nous a .... le nez et les oreilles.
- Nous avons .... avant de choisir le numéro 18.

6. Complète ces phrases avec les participes passés des verbes suivants.

pleuvoir • recouvrir • résoudre • secourir

- Il n'a pas .... depuis une semaine.
- Les vagues ont .... la jetée.
- Vous avez facilement .... le problème.
- Les sauveteurs ont .... l'alpiniste en détresse.

7. Relie les éléments qui vont ensemble.

Les véhicules sont •	• arrêté.
Les motos sont •	• arrêtée.
Le camion est •	• arrêtés.
La voiture est •	• arrêtées.

8. Entoure les prénoms de ceux qui parlent.

- Nous nous sommes cachés pour surprendre nos amis.

  Romain – Anna et Stéphanie – Richard et Paulin

- À la recherche de mon carnet perdu, je suis retournée sur mes pas.

  Lola – Maxime – Clément et Evan

- Je me suis perdu dans le supermarché, bien trop vaste.

  Romane – Lucas et Clément – Hugo

24 J'identifie les synonymes et les antonymes

VOCABULAIRE

SOUVIENS-TOI

- **Des synonymes sont des mots dont le sens est proche.**

  Exemples : immense et gigantesque *discuter et bavarder*

- **Attention ! Deux mots synonymes doivent appartenir à la même classe grammaticale : le synonyme d'un nom est un nom, le synonyme d'un verbe est un verbe, le synonyme d'un adverbe est un adverbe…**

- **Des antonymes sont des mots de sens contraires. L'antonyme peut être un mot différent de celui auquel il se rapporte ou il peut être formé à l'aide d'un préfixe.**

  Exemples : gentil et méchant *adroit et maladroit*

EXERCE-TOI

1. Barre l'intrus de chaque liste. Suis bien l'exemple.

chaud • bouillant • ~~glacé~~ • ardent

grimper • escalader • monter • descendre

voiture • véhicule • navire • automobile

drôle • sérieux • amusant • hilarant

cuisiner • manger • déguster • dévorer

2. Dans chaque liste, entoure le synonyme du mot en gras. Suis l'exemple.

nettoyer → éponge • laver • nettoyage • noyer

grand → gigantesque • minuscule • grandir • drôle

cuire → cuisinier • manger • chauffer • coudre

bateau → voiture • naviguer • pirate • ramer • navire

crier → hurlement • chuchoter • hurler • rire • cri

3. Trouve un synonyme pour chacun des mots suivants.

livre → ouvrage

drôle → ……………………………………

se promener → ……………………………………

ami → ……………………………………

jouer → ……………………………………

beau → ……………………………………

vélo → ……………………………………

vêtement → ……………………………………

4. Relie chaque verbe à son antonyme.

monter •	• se réveiller
crier •	• vendre
s'endormir •	• se lever
se coucher •	• chuchoter
parler •	• finir
tirer •	• se taire
commencer •	• descendre
salir •	• nettoyer
acheter •	• pousser

5. Trouve un antonyme pour chacun des mots suivants. Suis l'exemple.

grand → petit

coller → ……………………………………………

lisible → ……………………………………………

possible → ……………………………………………

réel → ……………………………………………

partir → ……………………………………………

obéir → ……………………………………………

lourd → ……………………………………………

CARTE MENTALE DES PETITS GÉNIES

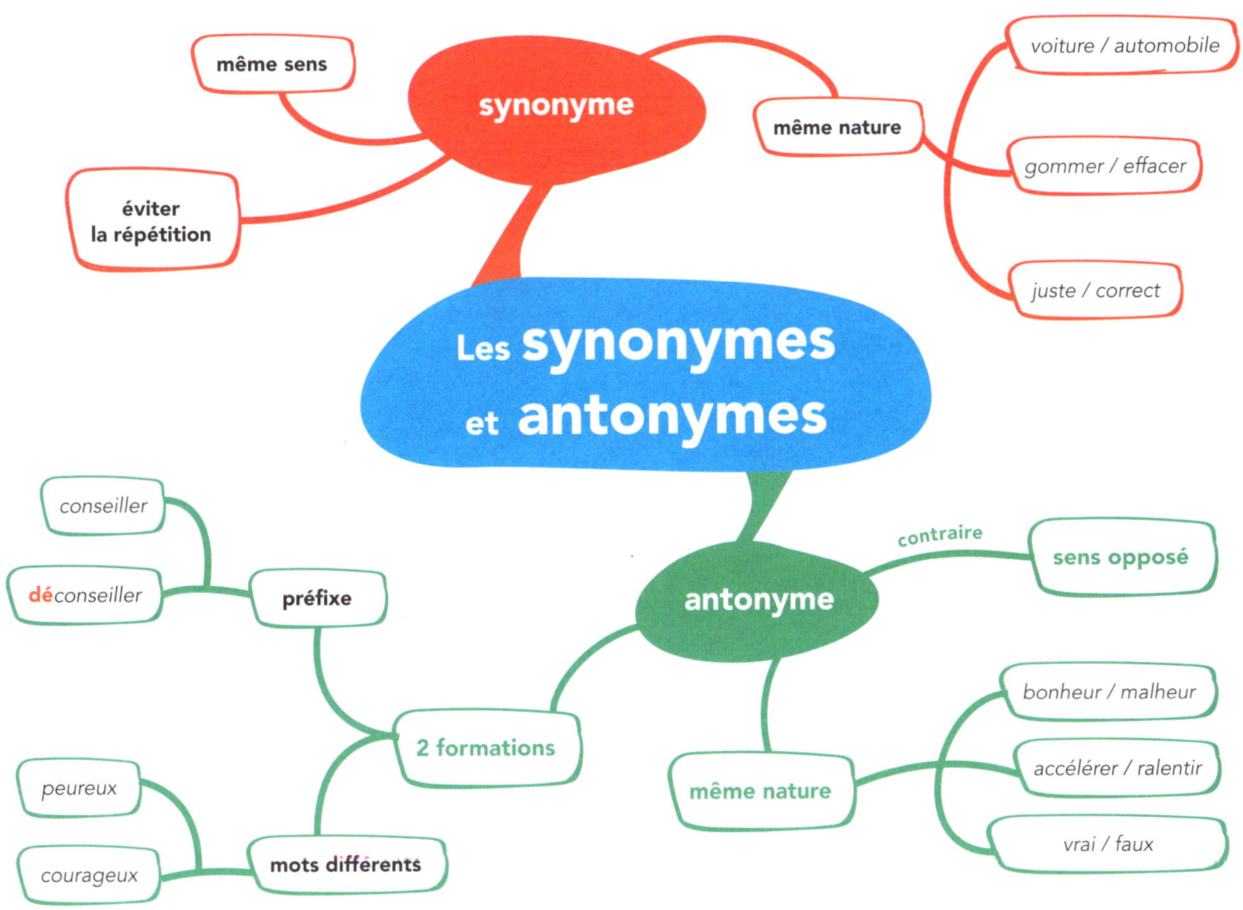

25 J'identifie les mots de la même famille

VOCABULAIRE

SOUVIENS-TOI

- Une **famille de mots** comprend tous les mots formés à partir d'un même radical.
- Les mots d'une même famille se rapportent à **une même idée**.
  Exemple : blanc, blanchir, blancheur...
- Connaître les familles de mots peut aider à en **orthographier** certains.
  Exemple : Le mot *terrier* prend deux R, car c'est un mot de la famille de *terre*.
- Les mots d'une même famille peuvent appartenir à des **classes grammaticales différentes**.

EXERCE-TOI

1. Recopie le radical commun aux mots de la même famille. Suis l'exemple

noirâtre – noircir – noircissement – noirceur → noir

porter – transport – support – portage → ....

sonnerie – sonorité – sonnette – sonorisé → ....

dentier – dentiste – dentaire – édenté → ....

2. Deux familles de mots ont été mélangées. Reconstitue chacune d'elles dans une colonne.

marin • terrien • terrestre • maritime • marée • atterrir • déterrer • mer • marine • souterrain

3. Pour chacun de ces mots, trouve un verbe appartenant à la même famille. Suis l'exemple.

blanc → blanchir

creux → ....

ligne → ....

profond → ....

goût → ....

bain → ....

dessin → ....

choix → ....

4. **Deux familles de mots ont été mélangées. Reconstitue chacune d'elles dans une colonne.**

chanteur • enchanté • décamper • campement • camping • chantage • chantonné • campeur

5. **Pour chacun de ces mots, trouve deux mots de la même famille.**

bijou ➜ bijoutier, bijouterie

voiture ➜ ....

table ➜ ....

sucre ➜ ....

grand ➜ ....

glace ➜ ....

QUIZ DES PETITS GÉNIES ?

6. **Avec quel nom de la famille de barre peut-on compléter la phrase ?**

Il n'y a jamais eu aussi peu d'eau dans le .... de Vouglans.

a. ☐ barreau b. ☐ barrage c. ☐ barrière d. ☐ barreur

7. **Quel mot n'appartient pas à la famille des trois autres ?**

a. ☐ un vitrail b. ☐ vitreux c. ☐ une verrière d. ☐ la vitesse

8. **Quel nom pourrait compléter cette famille ?**

la marque • marquant • remarquer • remarquable • une remarque

a. ☐ une marmite b. ☐ une marraine c. ☐ un marqueur d. ☐ un marquis

9. **Avec quel mot de la famille de main peut-on compléter la phrase ?**

Gilles a oublié son .... de mathématiques en classe.

a. ☐ maintenant b. ☐ manuel c. ☐ maintien d. ☐ maillon

10. **Quel nom n'appartient pas à la famille des trois autres ?**

a. ☐ la chaumière b. ☐ le chaud c. ☐ la chaudière d. ☐ un chaudron

11. **Avec quel nom de la famille de plan peut-on compléter la phrase ?**

Un .... vole sans l'aide d'un moteur.

a. ☐ planteur b. ☐ plantoir c. ☐ planeur d. ☐ plantier

DÉFIS DES PETITS GÉNIES

1. Trouve les synonymes des mots en vert et les antonymes des mots en rouge.
Puis recherche dans la grille les moitiés des mots que tu as trouvés.
Assemble ensuite les syllabes restantes pour découvrir le mot mystère.

CONTENT → ....

BEAU → ....

ENTRER → ....

ODEUR → ....

DISCUTER → ....

VIEUX → ....

SUCCULENT → ....

ÉTROIT → ....

FORT → ....

LENT → ....

PROCHE → ....

GRAND → ....

LUMINEUX → ....

NÉGATIF → ....

Le mot mystère est ....

LAR	BRE	BLE	FUM	MA	PIDE
CIEUX	TIT	JO	HEU	GE	TIF
TAIN	DER	FAI	Â	PAR	LI
REUX	GÉ	SOM	BAVAR	RA	LOIN
TRER	PE	POSI	PÉNÉ	RELLE	DÉLI

DÉFIS DES PETITS GÉNIES

2. Colorie de la même couleur les bulles des deux enfants qui disent des mots de la même famille.

26 Je repère les préfixes et les suffixes

VOCABULAIRE

SOUVIENS-TOI

- **Un préfixe est une lettre ou un ensemble de lettres placé devant un mot pour en modifier le sens.**
- **Il est important de connaître le sens de certains préfixes.**

– In-/im-/mal-/ir-/il- indiquent le contraire → *malpoli, illégal*.
– Re- indique la répétition → *refaire*.
– Pré- signifie avant, devant → *préhistoire*.
– Sou- signifie dessous → *souterrain*.
– En-/em- signifient mettre dans → *empaqueter*.
– A-/é- signifient rendre plus → *alléger, éclaircir*.

- **Un suffixe est une lettre ou un ensemble de lettres placé derrière un mot pour en modifier le sens. Le suffixe peut modifier également la classe grammaticale du mot.**
- **Il existe de nombreux suffixes.**

– Pour les noms : -eur, -euse, -ment, -isme, -er , -ère, -ien…
Exemples : menteur, voleuse, paiement, parallélisme, boucher, boulangère, italien…
– Pour les verbes : -er, -iner, -oyer…
Exemples : labourer, trottiner, renvoyer…
– Pour les adjectifs : -able, -ain, -ais, -al, -âtre…
Exemples : buvable, américain, français, nasal, blanchâtre…

EXERCE-TOI

1. Dans les mots suivants, sépare d'un trait le préfixe du radical.

pré/venir — soupeser
emporter — bimensuel
monoski — irresponsable
malpropre — amincir

2. À l'aide d'un préfixe, forme le contraire des mots suivants.

réglé → déréglé
honnête → ……………………………………
régulier → ……………………………………
légal → ……………………………………
monter → ……………………………………

3. Dans les mots suivants, sépare d'un trait le radical du suffixe.

habit/ant — noirâtre
portable — drôlement
emprunteuse — hollandais
parisien — maisonnette

4. À l'aide d'un suffixe, forme un mot nouveau à partir des mots donnés.

livrer → livreur
boucher → ……………………………………
dent → ……………………………………
olive → ……………………………………
maison → ……………………………………

5. Ajoute sur chaque pancarte un préfixe pour trouver un nouveau mot.

CORRIGÉS

TESTS DES PETITS GÉNIES

énoncés p. 4-5

1.

QUIZ DES PETITS GÉNIES

c. jolies
a. sculpture
b. champs

2.

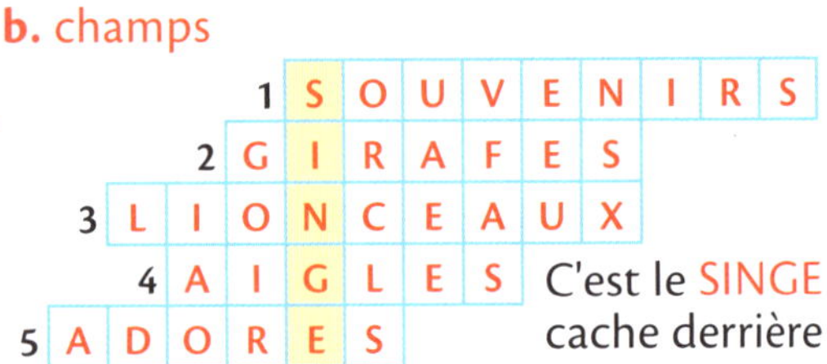

C'est le SINGE qui se cache derrière le feuillage.

3.

Bonjour les amis !
Alors , qui est la plus grande ?

C'est toi , bien sûr !

Moi , j'ai un beau pelage rayé , de jolies oreilles et une longue queue.
Partages-tu mon avis ?

1. Je distingue les types et les formes de phrases

énoncés p. 6-7

1.

	majuscule	point	sens	phrase
la Lune tourne autour de la Terre.		X	X	non
Le Soleil est notre étoile.	X	X	X	oui
Quand irez-vous faire les courses	X		X	non
Les jardiniers arbres mangent.	X	X		non
La nuit tombe vite en hiver.	X	X	X	oui

2. Que fais-tu ?
→ phrase interrogative
Il ne faut pas jeter ses emballages dans la nature.
→ phrase déclarative
Voulez-vous une part de gâteau ?
→ phrase interrogative
N'oubliez pas de vous laver les dents.
→ phrase injonctive ou impérative

3.
- Les feuilles des arbres ne tombent pas au printemps.
- Les enfants ne s'installent pas à leur bureau.
- Je ne viens jamais faire mes courses dans cette épicerie.
- Je n'aime ni les chiens ni les chats.

QUIZ DES PETITS GÉNIES

4. b. : interrogatif
5. a. : Évite de marcher dans les orties.
6. b. : interrogatif
7. b. : Ce parc d'attractions est fermé l'hiver.
8. c. : impératif

DÉFIS DES PETITS GÉNIES

énoncés p. 8-9

1.

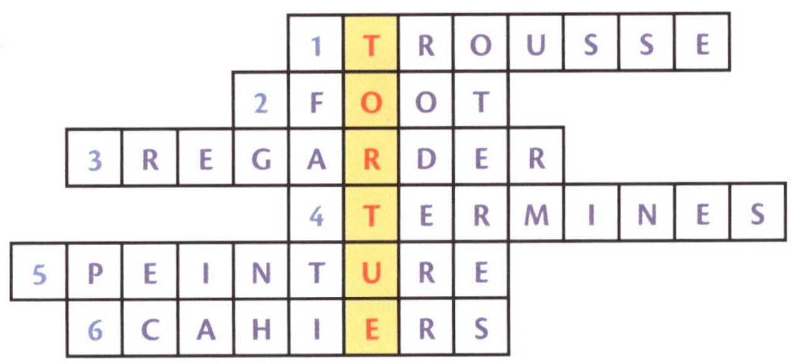

L'animal de compagnie de la classe de CM1 est la TORTUE.

2.

Je ne fais pas du foot.

Je ne réussis pas toujours mes devoirs de maths.

Je ne lis pas un livre sur les pirates.

Je ne vais pas partir en voyage.

Je ne marche pas jusqu'à l'école.

2. Je connais la classe grammaticale des mots

énoncés p. 10-11

1. difficile • riches • brillante • aimable • terrible
➜ adjectifs
hier • gentiment • jamais • tristement • demain
➜ adverbes
vous • elle • on • ils • toi • le sien
➜ pronoms

2. • ce/le/un/les/des bois
• les/tes/ces/vos chevaux
• des/mes/les/tes/ces lunettes
• un/son/notre/mon/ton/votre pneu
• ta/sa/une/la/ma poupée

3. • La (météo) annonce de fortes (pluies).
• Les (soigneurs) du (zoo) examinent les (chimpanzés).
• Les jeunes (enfants) font du (vélo) dans la (cour) de
• l'(école).

4.

une villa	spacieuse
des filles	polies
un animal	peureux
des garçons	sportifs

3. Je sais identifier le complément du nom

énoncés p. 12-13

1. Il était une fois une (jeune) fille qu'on appelait le (petit) chaperon (rouge). Un jour, sa maman l'envoya porter une (délicieuse) galette à sa (vieille) (grand)-mère. La petite fille rencontra dans les bois le (grand) (méchant) loup qui lui tendit un piège et la dévora. Heureusement, un (valeureux) chasseur la sauva et on n'entendit plus parler de la bête (sauvage).

2. Je suis parti en colonie (de vacances). Nous sommes allés au bord de la mer (du Nord) et nous avons joué sur la plage (de sable fin). Mes amis et moi avons construit des châteaux (de sable), puis nous avons tous dégusté une glace (à la vanille) accompagnée d'un morceau de tarte (aux pommes).

3. • une voiture de collection
• un bonbon au citron
• des bagues en or
• un film d'horreur
• le chat du voisin
• des lunettes de soleil

4. un festin de roi ➜ un festin royal
un repas de famille ➜ un repas familial
une tenue d'été ➜ une tenue estivale
un jour de pluie ➜ un jour pluvieux
l'amour de la mère ➜ l'amour maternel

5. des couverts argentés ➜ des couverts en argent
un cri terrifiant ➜ un cri de terreur
la pollution terrestre ➜ la pollution de la Terre
un visage angélique ➜ un visage d'ange

6. • un magnifique [cheval] de course
• une ancienne [photographie] jaunie
• de délicieux [fromages] de chèvre
• un [chocolat] pas assez chaud
• un [gaucher] fort adroit

7. • un refuge près **du sommet**
• de nouvelles chaussures **de ski**
• des contes **de fées**
• un énorme sandwich **au jambon**
• une machine **à laver**
• de beaux bijoux **en or**

QUIZ DES PETITS GÉNIES

8. **a.** : À la sortie de la gare, de nombreux taxis attendent les voyageurs.

9. **d.** : Dans cette région, on trouve un excellent fromage de chèvre.

10. **d.** : Comme cadeau d'anniversaire, Nicolas a reçu une console de jeux.

11. **b.** : L'oncle de Florian passe une peinture contre la rouille sur la barrière en fer.

12. **c.** : l'entrée en scène des comédiens

4. J'identifie le pluriel des noms et des adjectifs

énoncés p. 14-15

1. des pinceaux – un pinceau
un jeu – des jeux
des feux – un feu
des rameaux – un rameau
des artichauts – un artichaut
des dieux – un dieu
un bleu – des bleus
des roseaux – un roseau
le bouleau – les bouleaux
des chevreaux – un chevreau
des veaux – un veau
des fagots – un fagot
des aveux – un aveu
un cheveu – des cheveux

2. le cadeau – les cadeaux
un creux – des creux
le neveu – des neveux
un tableau – des tableaux
le chapeau – les chapeaux
un enjeu – des enjeux
le cerceau – les cerceaux
un moineau – des moineaux
le noyau – les noyaux
un bureau – des bureaux
l'oiseau – les oiseaux
le lieu – les lieux

3. Les chevaux inquiets hennissaient. Alexis s'amusait à suivre du regard les péniches qui arrivaient des canaux du Nord. Les chacals s'enfuirent avec des jappements effrayés. Les journaux décrivent avec beaucoup de détails les fêtes des trois derniers carnavals. Les magistrats rendent la justice dans les tribunaux.

4. • Cet affreux accident a attristé le témoin.
• Un bel enfant joue sur la plage ensoleillée.
• Le agneau suit la brebis.
• Le grand rideau est repassé.
• L'animal domestique rend un précieux service.

DÉFIS DES PETITS GÉNIES

énoncés p. 16-17

1.

V	F	E	U	I	L	L	E	S	S
G	I	R	A	F	E	S	Q	E	T
P	I	S	A	L	U	M	Z	F	E
T	N	O	I	O	U	N	R	F	X
O	I	T	T	T	A	G	T	I	U
L	D	A	O	P	E	R	I	R	A
E	T	R	M	R	R	U	G	G	M
C	E	I	A	O	U	E	R	R	I
O	H	E	O	I	R	S	E	S	N
C	E	S	S	E	L	L	A	B	A

2.

Une chaleur estivale	Une chaleur d'été
Une idée géniale	Une idée de génie
Une anecdote historique	Une anecdote de l'histoire
Une école renommée	Une école de renommée
Un goûter chocolaté	Un goûter au chocolat
Une histoire imagée	Une histoire avec des images
Le rôle parental	Le rôle des parents
Une sculpture métallique	Une sculpture en métal
Un collier doré	Un collier en or
Le Système solaire	Le Système du Soleil

5. Je sais identifier l'attribut du sujet et l'épithète

énoncés p. 18-19

1. Les athlètes ont couru le marathon de New York.
Mozart était un grand musicien.
Beethoven savait jouer du piano.
Ma sœur est devenue dentiste.

2. Les têtards deviendront bientôt des grenouilles.
Mon frère semble content.
Les jeunes basketteurs sont adroits.

3. Les aigles sont de grands prédateurs. → groupe nominal
Ce jeune garçon deviendra médecin. → nom
Le sauveteur reste calme. → adjectif
Ce roman est mon livre préféré. → groupe nominal

4. • Cette fille semble soucieuse.
• Ces bâtiments paraissent abandonnés.
• Le renard est rusé.

5. • Mon ami deviendra chirurgien.
• Ces maisons sont les résidences du président.
• Le fils de la voisine passe pour un vilain garnement.

QUIZ DES PETITS GÉNIES

6. b. : attribut

7. b. : Samira ôte un à un les longs pétales blanc de la marguerite.

8. a. : Des satellites artificiels tournent autour de notre bonne vieille Terre.

QUIZ DES PETITS GÉNIES

b. L'attribut du sujet est obligatoirement un adjectif.
b. épithète
a. attribut du sujet

6. Je connais les compléments circonstanciels

énoncés p. 20-21

1. • Dans le jardin, nous avons planté des fleurs.
Où ? Quand ? Comment ? Pour quelles raisons ?
• Pour bien grandir, il faut manger cinq fruits et légumes par jour.
Où ? Quand ? Comment ? Pour quelles raisons ?
• En faisant du ski, Juliette s'est cassé le genou.
Où ? Quand ? Comment ? Pour quelles raisons ?

2. • Arthur s'est fait mal (CCM) en jouant au football.
• Mon oncle nous rendra visite (CCT) l'été prochain.
• Il a acheté ce livre (CCC) pour apprendre l'anglais.

3. • Lundi prochain, j'irai à la piscine à vélo. Je nagerai dans le bassin olympique pour progresser, puis je retournerai me changer dans les vestiaires.
• Sur le chemin de l'école, mes amis et moi avons découvert un oiseau blessé. Délicatement, nous l'avons ramassé, puis nous l'avons apporté à la maîtresse.
• Avec mille précautions, elle l'a soigné et il a pu repartir dans la nature.

4. Dans la forêt, on trouve de nombreux champignons.
→ CCL
Il faut étudier pour réussir ses examens. → CCC
Chaque soir, mes parents lisent une histoire à mon petit frère. → CCT
L'écureuil se cache sur les plus hautes branches. → CCL
Autrefois, les paysans ne possédaient pas de tracteurs.
→ CCT

QUIZ DES PETITS GÉNIES

5. **b.** : complément circonstanciel de lieu
6. **a.** : complément circonstanciel de temps
7. **d.** : complément circonstanciel de cause
8. **b.** : complément circonstanciel de lieu

7. J'identifie l'adverbe

énoncés p. 22-23

1. *Adverbes de lieu* : ici – partout – dehors – à droite – en avant – derrière – là
Adverbes de temps : hier – aujourd'hui – demain – toujours – jamais – jadis – autrefois – souvent
Adverbes de manière : peu – gentiment – davantage – maladroitement – doucement

2. marcher rapidement – répondre poliment – parler correctement – dormir tranquillement – s'y prendre habilement – travailler soigneusement – se tenir convenablement – copier fidèlement – avancer prudemment – répondre franchement – parler fermement – partir joyeusement

3. Les randonneurs ont croisé des ours dans cette forêt.
L'aigle ouvre ses ailes et s'envole haut.
Nos cousins arriveront à la maison. Éthan me répondit.
Les piscines sont fermées. Il faut contrôler le gonflage des pneus. Le tracteur avance sur les routes de campagne.

4. Le coq se lève *rarement* tôt. Juliette mange *peu* de frites. Il a atteint le sommet *lentement*. Elle a *encore* des carottes. Il pense à *tout*. *Dehors*, il fait noir. Le vent a *doucement* claqué la porte. Il joue *silencieusement* dans sa chambre.

QUIZ DES PETITS GÉNIES

5. **c.** : Sous l'effet du gel, le trottoir se transforma soudain en patinoire.
6. **d.** : Les scieries sont installées près des forêts.
7. **b.** : nom
8. **a.** : Le dimanche, toute la famille Malet se lève tard.
9. **c.** : Il fait plutôt froid dans cette pièce, mais dehors, c'est encore pire !

8. J'identifie la phrase simple et la phrase complexe

énoncés p. 24-25

1. J'ai trouvé un nid d'hirondelles. → Phrase simple.
Pierre n'a pas pris ses lunettes, sa maman va le gronder. → Phrase complexe.
Il fait froid alors nous prenons un bonnet. → Phrase complexe.
Aimes-tu les courgettes ? → Phrase simple.

2. Valentine (remporta) la course donc elle (gagna) une médaille. Nous (avons dessiné) puis nous (avons joué) aux échecs. Il (part) en vacances puis il (revient) bientôt.

3. Mes frères regardent un film car ils aiment le cinéma.
Béatrice aime les gâteaux mais elle déteste le chocolat.
Le garçon court quinze minutes puis il se repose.
J'ai peu mangé, donc j'ai encore faim.

4. Paul a beaucoup toussé pendant la nuit. Ce matin, il est fatigué. Il n'ira pas à l'école aujourd'hui. Il est malade.

5. Nous quittons l'appartement donc nous fermons la porte.
Le gratin chauffe dans le four alors nous allons bientôt manger.
Le robinet est cassé, l'eau coule.
J'ai peur mais je ne le montre pas.

9. Je connais le complément d'objet

énoncés p. 26-27

1. • Nous avons commandé <u>une pizza au fromage</u>.
• Les élèves écrivent <u>une histoire policière</u>.
• Nous <u>en</u> mangeons tous les jours.
• J'aime beaucoup <u>la glace à la vanille</u>.

2. • J'ai longtemps cru <u>aux fées</u>.
• Nos amis parlent <u>de leurs dernières vacances</u>.
• Mes parents sont invités <u>à un bal costumé</u>.
• Je pense beaucoup <u>à toi</u>.
• Elle demande <u>à son ami</u> s'il n'a pas vu passer son chien.

QUIZ DES PETITS GÉNIES

c. des champignons
a. vrai
b. Dans le ciel se déplacent les nuages.

3. • Je déguste <u>un très bon dessert</u>. → COD
• Cet enfant ne ment jamais <u>à ses parents</u>. → COI
• Ma sœur <u>leur</u> téléphone tous les soirs. → COI
• Le chef cuisine <u>sa spécialité</u>. → COD
• Ce livre appartient <u>à la bibliothèque municipale</u>. → COI
• Nous <u>les</u> rappellerons plus tard. → COD

4. • Ma grand-mère se souvient (COI) de son enfance.
• La journaliste rédige (COD) un article.
• Chaque matin, je pense (COI) à me brosser les dents.
• Le voyageur achète (COD) des cartes postales.
• J'écris (COD) (COI) une lettre à mon père.

10. J'identifie le sujet du verbe

énoncés p. 28-29

1. • Ma sœur et moi, tous les ans, allons séjourner à la montagne.
   • Près de ma maison coule une rivière.
   • Chaque jour, nous faisons une dictée en classe.
   • Aujourd'hui commencent les vacances.
   • Ont-ils raté leur train ?

2. La Lune → sera pleine demain.
   Les étoiles → sont très brillantes cette nuit.
   Le Soleil → se cache derrière un nuage.
   Les satellites → tournent autour de la Terre.

3. Les deux petits écureuils grimpent au sommet du chêne. → groupe nominal
   Chaque hiver, vous rentrez les plantes fragiles dans la serre. → pronom
   Vercingétorix a combattu les Romains en Gaule. → nom propre
   Pour guérir, prendre ses médicaments est essentiel. → groupe infinitif

4. • Elsa joue au football durant la récréation.
   • Hier, vous avez fait un gâteau au chocolat.
   • Les garçons de la classe ont écouté de la musique.
   • Tu vas à l'école à vélo.

QUIZ DES PETITS GÉNIES

5. a. : Les autruches pondent des œufs énormes.

6. d. : rétroviseurs

7. b. : Quand la sonnerie retentit, nous sortons en récréation.

8. d. : la passerelle et le passage souterrain

11. J'identifie l'accord du verbe avec le sujet

énoncés p. 30-31

1. • Les jeunes chiots découvrent leur nouvelle maison.
   • Lucie et toi aimez beaucoup lire.
   • Son fils et sa fille viennent lui rendre visite chaque dimanche.
   • La voiture est arrêtée sur le bord de la route.
   • Un cheval et une jument courent dans le pré.
   • Non loin des immeubles passe le train.

2. • Mes sœurs sont parties à l'école.
   • (Victor) Je suis parti tôt.
   • (Emma et Sarah) Vous êtes parties au ski.
   • La maîtresse est partie en vacances en Angleterre.
   • (Thibault et Pierre) Nous sommes partis au collège.
   • Mon père est parti travailler.
   • (Juliette) Tu es partie en Argentine.
   • Les élèves de la classe sont partis en classe de neige.

3. • Je chante la chanson apprise à l'école.
   • Lesly et toi chantez dans une chorale.
   • Tous les jours, tu chantes sous la douche.
   • Harry et moi chantons l'hymne national.

4. Nous sommes contents de nos résultats.
   Dans ce pays d'Afrique, vivent des animaux sauvages.
   Chaque jour, ton père et toi faites la cuisine.
   Écoutes-tu souvent de la musique ?
   Ma cousine et moi lisons le même livre.
   Mes grands-parents habitent dans le sud de la France.

DÉFIS DES PETITS GÉNIES

5. • Les voyageurs, massés sur le quai, attendent le prochain métro.
   • Les travaux d'installation des pylônes dureront une semaine.
   • Les raisins, vendangés ce matin, fermentent déjà.

6. • Les coureurs effectuent une étape où se succèdent trois cols.
   • J'aime les jeux qui me rappellent l'école maternelle.
   • Trois coups de pinceaux suffisent pour couvrir la feuille.

7. La navette spatiale qui décolle emporte deux cosmonautes.
   Si vous tombez en panne, le remorquage et la réparation coûtent cher.
   Le panneau que posent les employés signale un virage dangereux.

12. Je repère les accords dans le groupe nominal

énoncés p. 32-33

1. un nez long et droit → des nez longs et droits
   une voiture de course rouge → des voitures de course rouges
   la délicieuse tarte au chocolat → les délicieuses tartes au chocolat
   un beau séjour à la campagne → des beaux séjours à la campagne
   un vieux bateau à voiles → des vieux bateaux à voiles

2. de longues journées d'automne → une longue journée d'automne
   des fleurs du jardin odorantes → une fleur du jardin odorante
   des chiens calmes et affectueux → un chien calme et affectueux
   des généraux très intelligents → un général très intelligent
   des hiboux perchés → un hibou perché

3. un boulanger qualifié → une boulangère qualifiée
   un garçon attentif → une fille attentive
   un beau loup → une belle louve
   un renard malin → une renarde maligne

4. une reine de carreau → un roi de carreau
une danseuse élancée → un danseur élancé
une cuisinière de renom → un cuisinier de renom
une belle jument capricieuse → un beau cheval capricieux

5. Notre gentille maîtresse a participé à des voyages organisés. Elle a visité des pays chauds et lointains et nous a rapporté de beaux objets locaux.
Elle est passionnée d'histoires fabuleuses et nous raconte des contes venus des pays où elle est allée. Bientôt, accompagnée d'un ami, elle partira dans de nouvelles contrées.

6. • Le gardien de l'immeuble vérifie le fonctionnement de l'ascenseur.
• Je mange des asperges à la crème et une escalope de veau.
• La table de chevet est placée sur un petit tapis de laine.

7. de belles pommes de terre
de splendides affiches colorées
des grands verres de limonade

13. Je repère les consonnes doubles *énoncés p. 34*

1. un ballon, arroser, un moteur, une reine, une grappe
un balai, le beurre, une lettre, le tonnerre, un chapeau
le milieu, courir, une grotte, le tennis, la grippe
un million, un carré, la lutte, connaître, l'hôpital

2. vacciner, savonner, téléphoner, regretter
fouetter, débuter, goudronner, réciter

3. Le torrent charrie d'énormes troncs d'arbres.
Comme la sonnerie ne fonctionne pas, je frappe à la porte.
En hiver, la marmotte sommeille au fond de son terrier.

14. Je connais le participe passé *énoncés p.35*

1. • Delorme arrache ses vignes pour cultiver du maïs.
• Nous avons visité tous les châteaux de la Loire.
• Un saut périlleux, c'est pas facile à exécuter.
• Avec son invention, M. Charrier a gagné beaucoup d'argent.

2. • Pliée avec soin, la tente tiendra moins de place.
• L'architecte a dirigé la construction de ce bâtiment.
• Nommé à Nevers, M. Longeon devra déménager.

3. • Nous allons secouer tous les tapis.
• J'ai gonflé les pneus.

4. • Ce rocher doit bien peser cinq tonnes.
• Vous espérez avoir un métier qui vous plaise.
• Le jardinier a arraché toutes les mauvaises herbes.

15. Je maîtrise le présent de l'indicatif *énoncés p. 36-37*

1.

Je chante	Tu réussissais.	Il part.	Il ira.	Je lis.
Nous lançons.	Vous gagniez.	Ils faisaient.	Je donne.	Tu écrivais.
Il est.	Nous aurions.	Je vais.	Vous cuisinez.	Elles sont.

2. Tu payes.
Nous réfléchissons.
Ils/Elles rêvent.
Nous partons.
Je/Il/Elle joue.
Vous gagnez.

3. • Nous réfléchissons afin de résoudre ce problème difficile.
• Tous les matins, vous écoutez les informations à la radio.
• Ses sœurs partent en voyage en Écosse.

4. Vous préparez le repas du soir. → Je prépare le repas du soir.
La jeune fille joue du violon. → Les jeunes filles jouent du violon.
Nous sommes très heureux. → Mon frère et toi êtes très heureux.

5. • Nous (être) sommes.
• Vous (avoir) avez.
• Elle (gagner) gagne.
• Ils (danser) dansent.
• Nous (choisir) choisissons.
• Vous (faire) faites.
• Je (réagir) réagis.
• Je (aller) vais.
• Vous (dire) dites.
• Ils (lancer) lancent.

DÉFIS DES PETITS GÉNIES

6. • À l'entrée de la ville, les voitures ralentissent.
• Nous applaudissons les musiciens qui se produisent sur scène.
• Les dessins animés plaisent surtout aux jeunes enfants.

7. • Après un bref arrêt, le train repart.
• Lucas ne conçoit pas un repas sans dessert.
• Je ne commets pas d'erreur en recopiant ce texte.

8. • M. Bonnet entretient régulièrement sa voiture.
• À qui appartiennent ces objets oubliés sur un banc ?
• Je retiens par cœur les numéros de téléphone de mes amis.

16. Je maîtrise le futur de l'indicatif *énoncés p. 38-39*

1. Je jouerai.
Tu choisiras.
Ils arrêteront.
Vous marcherez.
Elle bougera.
Je partirai.
Ils tireront.
Vous sortirez.
Vous étudierez.

2. Tu nageras. Je lancerai. Elles liront.
Il donnera. Elle réussira. Je laverai.
Vous marcherez. Elles dormiront. Nous piloterons.

3. • Les jardiniers tailleront les arbustes du parc.
• Je finirai de lire ce livre demain.
• Tu colorieras ton dessin.
• Elle réussira facilement son examen.
• Vous escaladerez les plus hauts sommets.
• Je verrai ce film au cinéma.
• Ils iront faire du ski ce week-end.

4. Le petit garçon ira chez sa grand-mère. Il passera les vacances au bord de la mer. Par sa fenêtre, il verra les vagues et entendra les mouettes. Il sera heureux.

DÉFIS DES PETITS GÉNIES

5. • Je réussirai • Tu accourras
• Elle se retiendra • Nous grandirons

6. Je franchirai la barrière.
Nous reviendrons sur nos pas.
Elles enverront des SMS.
Vous ne pourrez pas ouvrir la porte.
Il ne salira pas son short.
Tu ne retiendras pas tes larmes.

7. • Des millions d'abeilles mourront à cause de cet insecticide.
• Vous attendrez sagement votre tour dans la file.
• Les mauvaises herbes envahiront la pelouse.

8. Lorsqu'ils atteindront la planète Alpha, les cosmonautes ne verront qu'un paysage désertique. Comme il fera très froid, ils ne parviendront pas à rester dehors plus de dix minutes. Pour marcher, ils ne devront faire que de petits pas.

DÉFIS DES PETITS GÉNIES énoncés p. 40-41

1. L'éruption du volcan sera l'une des plus importantes des 100 dernières années. Les volcanologues auront les yeux rivés sur le volcan. Les journalistes pourront couvrir l'événement depuis un lieu sécurisé. La chef des volcanologues passera en direct à la télévision pour parler de ce phénomène. Après l'éruption, le maire de la ville organisera le retour des habitants. L'éruption provoquera certainement de nombreux dégâts aux alentours.

2.

V	H	A	V	A	I	S	A
E	Z	D	P	K	S	L	C
R	X	E	R	N	E	V	L
R	C	V	E	L	R	C	A
O	V	R	N	A	E	V	I
N	F	A	D	V	Z	B	R
S	C	D	S	E	T	H	A
V	O	Y	I	O	N	S	I
P	E	N	S	E	R	A	I
P	A	I	E	R	A	O	N

1. verrons
2. devra
3. serez
4. irai
5. penserai
6. paiera

17. Je maîtrise l'imparfait de l'indicatif énoncés p. 42-43

1. • Nous réfléchissions. • Vous réussissiez. • Il parlait. • Il ramait.
• Elles fabriquaient. • Je/Tu marchais. • Je/Tu réagissais.

2. • Les alpinistes grimpaient au sommet de l'Everest.
• Tom et toi partiez skier ensemble.
• Je trébuchais sur le sentier rocailleux.

3. Chaque matin, les enfants partaient à pied à l'école. À mi-chemin, ils rencontraient leurs amis et ils finissaient le trajet ensemble. Au portail, la maîtresse saluait les élèves, puis elle sonnait la cloche.

4.

	NAGER	GRANDIR
Je	nageais	grandissais
Tu	nageais	grandissais
Il	nageait	grandissait
Nous	nagions	grandissions
Vous	nagiez	grandissiez
Elles	nageaient	grandissaient

5. Il (venir) venait.
Vous (ranger) rangez.
Nous (crier) criions.
Vous (obéir) obéissiez.
Elles (nager) nageaient.
Je (rejouer) rejouais.

O	O	H	T	W	L	V	N	D	Y	M
K	B	M	N	K	A	M	G	O	G	J
O	B	É	E	S	I	A	G	G	A	G
T	N	E	I	A	I	R	R	B	S	S
I	K	Q	A	S	A	C	L	N	I	X
A	V	L	E	N	S	H	O	A	A	Z
N	T	K	G	V	X	I	U	G	T	G
E	J	I	A	C	I	O	E	M	T	O
V	E	R	N	R	J	N	R	Z	A	M
Z	L	M	C	E	E	S	J	A	P	K
R	I	Y	R	P	L	F	Y	Z	P	F

6. • Tu réussissais
• Il s'enfuyait
• Vous lisiez
• Je surgissais
• Nous obéissions
• Elles écrivaient

7. • apercevoir
• falloir
• choisir
• se plaindre

• Tu accourais dès que tu sentais la bonne odeur des crêpes.
• Vous vous plaisiez au parc d'attractions.
• Les enfants bâtissaient des châteaux de sable que les vagues détruisaient dès que la marée montante les atteignait.

18. Je maîtrise le passé composé de l'indicatif

énoncés p. 44-45

1. L'été dernier, nous avons visité l'Écosse. Nous y sommes allés en avion puis nous avons loué une voiture. Ma sœur a eu peur dans un château donc elle est vite sortie dans le parc. Je suis tombé sous le charme des paysages et j'ai décidé d'y retourner bientôt. Mes parents, eux, ont adoré les *lochs* et ont amélioré leur anglais.

2.

finir → fini	prendre → pris	venir → venu
aller → allé	décider → décidé	partir → parti
voir → vu	avoir → eu	être → été
faire → fait	choisir → choisi	

3. • Les maraîchers ont cueilli des salades dans la serre.
• Hier, nous avons rencontré nos correspondants.
• Ma sœur a fait une blague à son amie.
• Inès et toi avez lu ces livres.

4. • Elle est partie en taxi.
• Je suis tombé(e) sur la piste noire.
• Ils sont repartis par ce sentier.
• Nous sommes rentré(e)s dans la salle de concert.

5. • Nous avons aperçu les premiers champs de lavande.
• Les enfants se sont installés sur le manège.
• Le boucher a tranché de belles escalopes.

19. Je maîtrise le passé simple de l'indicatif

énoncés p. 46-47

1.

Je dansai.	Il partagea.	Je jouai.
Nous gagnions.	Je finissais.	Il réussit.
Vous eûtes.	Ils gagnaient.	Elles choisissent.
Vous parlâtes.	Je volais.	Il arriva.
J'écouterai.	Tu bougeas.	Nous criâmes.
Tu pleuras.	Nous partîmes.	On parlait.

2.

	1re pers. du sing.	3e pers. du sing.	3e pers. du plur.
Être	Je fus.	Il fut.	Ils furent.
Avoir	J'eus.	Il eut.	Ils eurent.
Réfléchir	Je réfléchis.	Il réfléchit.	Ils réfléchirent.
Avancer	J'avançai.	Il avança.	Ils avancèrent.
Partir	Je partis.	Il partit.	Ils partirent.

3. • Les élèves choisirent leur poésie préférée.
• Elle eut beaucoup de chance de ne pas s'être fait mal.
• Les chiens aboyèrent quand le tonnerre éclata.
• Le cuisinier remua la sauce et la versa sur les pâtes.
• Nous fûmes heureux d'avoir pu vous rencontrer.
• Le facteur apporta un colis à ma mère.
• Les ouvriers travaillèrent pour terminer le chantier.

4. Blanche-Neige partit en courant dans la forêt. Elle arriva dans une clairière et y trouva une maison. Dans la maison, sept nains l'accueillirent et lui proposèrent de rester auprès d'eux. Elle accepta volontiers.

20. Je reconnais les homophones grammaticaux

énoncés p. 48-49

1. • Les touristes ont visité le Louvre et ont acheté des souvenirs.
• Demain, on ira faire des achats, puis on déjeunera au restaurant.
• On sait que les jeunes enfants ont besoin de douze heures de sommeil.
• Ils ont promené le chien et ont découvert une grotte.

2. • Les arbres sont tombés sur la route de son village.
• Son père et son oncle sont allés allumer le barbecue.
• Hier, ils sont partis très tôt et sont arrivés à l'heure du dîner.
• Son véhicule est tombé en panne : lui et ses enfants sont donc venus en train.

3. • C'est la fille de Jules, je la connais depuis longtemps.
• Elle habite là, dans la maison près de la rivière.
• Reste là, je vais chercher la trousse de secours.

4. Sa lettre, l'as-tu reçue ? Juliette l'a envoyée il y a trois jours. Elle est partie en Italie et a vu la chapelle Sixtine. Elle l'a visitée lorsqu'elle est arrivée. Mais la chaleur l'a rendue malade et elle est repartie hier. Tu l'as sûrement appris par sa maman. Elle l'a envoyée chez le médecin dès son retour.

5. • En quelques minutes, on répare l'interrupteur du salon.
• Les tableaux exposés au Louvre ont de la valeur.
• Du haut du mont Thabor, on admirera le paysage.

6. • Quand on veut décorer le sapin, on pend des boules.
• Ces marionnettes ont des fils ; d'autres ont une gaine de tissu.
• On ne doit pas gêner ceux qui ont besoin de silence.

7. • Lorsqu'il pleut, on s'ennuie à mourir seul chez soi.
• Quand ira-t-on se poser sur la planète Mars ?
• Les boulangers ont conservé le secret du bon pain.

8. • Julie dormait lorsque la sonnerie l'a réveillée.
• Tu es tombé, mais tu l'as un peu cherché car tu courais trop vite.
• Marc as bu la limonade et il l'a trouvée excellente.

9. Jimmy n'a pas bien écouté sa maman lorsqu'elle lui a demandé d'aller faire les courses à sa place. La liste est restée sur la table de la cuisine. Maman n'est pas contente : « Tu l'as oubliée là ; ça ne m'étonne pas.

10. • Ça fait deux mois que Loris n'a pas vu sa tante.
• Une pareille histoire, ça ne s'invente pas !
• Si ça ne t'ennuie pas, je souhaite que tu accompagnes sa copine.

21. Je repère les déterminants numéraux

énoncés p. 50

1. • quatorze pièces
• soixante-treize points
• vingt-et-un étages
• quarante-cinq lignes
• dix-neuf mètres
• cinquante-sept numéros

2. 1 230 → mille deux cent trente
24 510 → vingt-quatre mille cinq cent dix
843 → huit cent quarante-trois
2 000 000 → deux millions

3. • Dans une demi-douzaine, il y a six escargots.
• L'eau bout à cent degrés.
• La bibliothèque possède deux mille livres.

22. Je distingue TOUT, TOUS, TOUTE, TOUTES

énoncés p. 51

1. • tous les matins
• toutes les rivières
• tous les chariots
• tous les calculs
• toute la vie
• tout le temps
• toute la journée
• tout le circuit
• toutes les semaines
• toute la classe
• tous les poissons
• toutes les chances

2. On affirme souvent que toute peine mérite salaire.
Yannick dit tout le contraire de ce qu'il pense.
L'explorateur surmonte toutes les difficultés.
Tu as donné tous tes anciens jouets.

3. On croyait le classement de la course définitif, mais les tout derniers coureurs à franchir la ligne d'arrivée l'ont modifié en réalisant des temps tout à fait exceptionnels. Tous les chronométreurs n'en croient pas leurs yeux : tous les records sont battus.

23. Je distingue le participe passé en É ou l'infinitif en ER

énoncés p. 52-53

1. **un cahier** déchiré → des feuilles déchirées
des voitures cabossées → des tracteurs cabossés
un verre rempli → une carafe remplie
mon plat préféré → mes desserts préférés
un bâtiment encombré → des pièces encombrées

2. • Les phares sont allumés, mais la voiture est arrêtée.
• Le champ est cultivé et le blé sera fauché.
• Denis est vacciné contre la grippe.
• Les filles sont restées dans la classe tandis que les garçons sont allés dans la cour.
• Les fruits sont cueillis, puis ils sont envoyés dans les commerces.

3. Les randonneurs sont allés dans la forêt et ils ont ramassé des champignons. Ils ont aussi trouvé des châtaignes et des marrons. Ensuite, ils ont traversé une rivière, puis ont grimpé au sommet de la colline. Ils ont admiré la vue, puis sont redescendus par un autre chemin.

4. **Le bûcheron** a coupé **la branche endommagée**.
Les bûcherons ont coupé les branches endommagées.
Cette robe a été cousue à la main par **une couturière douée**.
Ces robes ont été cousues à la main par des couturières douées.
Le pâtissier a fabriqué **un gâteau très sucré**.
Les pâtissiers ont fabriqué des gâteaux très sucrés.

DÉFIS DES PETITS GÉNIES

5. • Les élèves ont fermé les fenêtres.
• Marie et Emma ont conduit les auto-tamponneuses.
• Le froid nous a rougi le nez et les oreilles.
• Nous avons hésité avant de choisir le numéro 18.

6. • Il n'a pas plu depuis une semaine.
• Les vagues ont recouvert la jetée.
• Vous avez facilement résolu le problème.
• Les sauveteurs ont secouru l'alpiniste en détresse.

7. Les véhicules sont • — • arrêtés.
Les motos sont • — • arrêtées.
Le camion est • — • arrêté.
La voiture est • — • arrêtée.

8. • Richard et Paulin
• Lola
• Hugo

24. J'identifie les synonymes et les antonymes

énoncés p. 54-55

1. grimper – escalader – monter – ~~descendre~~
voiture – véhicule – ~~navire~~ – automobile
drôle – ~~sérieux~~ – amusant – hilarant
~~cuisiner~~ – manger – déguster – dévorer

2. **grand** → gigantesque – minuscule – grandir – drôle
cuire → cuisinier – manger – chauffer – coudre
bateau → voiture – naviguer – pirate – ramer – navire
crier → hurlement – chuchoter – hurler – rire – cri

3. livre → ouvrage
drôle → amusant
se promener → se balader
ami → copain
jouer → s'amuser
beau → joli
vélo → bicyclette
vêtement → habit

4. monter – descendre
crier – chuchoter
s'endormir – se réveiller
se coucher – se lever
parler – se taire
tirer – pousser
commencer – finir
salir – nettoyer
acheter – vendre

5. grand → petit
coller → décoller
lisible → illisible
possible → impossible
réel → irréel
partir → arriver
obéir → désobéir
lourd → léger

25. J'identifie les mots de la même famille

énoncés p. 56-57

1. porter – transport – support – portage → port
sonnerie – sonorité – sonnette – sonorisé → son
dentier – dentiste – dentaire – édenté → dent

2.

marin – maritime – marée – mer – marine	terrien – terrestre – atterrir – déterrer – souterrain

3. blanc → blanchir
creux → creuser
ligne → aligner
profond → approfondir
goût → goûter
bain → baigner
dessin → dessiner
choix → choisir

4.

chanteur – enchanté – chantage – chantonné	décamper – campement – camping – campeur

5. voiture → voiturier, voiturette
table → tableau, attablé
sucre → sucrier, sucrerie
grand → grandir, grandeur
glace → glacière, déglacer

QUIZ DES PETITS GÉNIES

6. **b.** – Il n'y a jamais eu aussi peu d'eau dans le barrage de Vouglans.
7. **d.** : la vitesse
8. **c.** : un marqueur
9. **b.** : Gilles a oublié son manuel de mathématiques en classe.
10. **a.** : la chaumière
11. **c.** : Un planeur vole sans l'aide d'un moteur.

DÉFIS DES PETITS GÉNIES

énoncés p. 58-59

1. Content → Heureux
Beau → Joli
Entrer → Pénétrer
Odeur → Parfum
Discuter → Bavarder
Vieux → Agé
Succulent → Délicieux
Étroit → Large
Fort → Faible
Lent → Rapide
Proche → Lointain
Grand → Petit
Lumineux → Sombre
Négatif → Positif

Le mot mystère est MARELLE.

2. Dent → Dentiste
Jardinage → Jardin
Silencieusement → Silence
Buvable → Boisson

26. Je repère les préfixes et les suffixes

énoncés p. 60-61

1. pré/venir
em/porter
mono/ski
mal/propre
sou/peser
bi/mensuel
ir/responsable
a/mincir

2. honnête → malhonnête
régulier → irrégulier
légal → illégal
monter → démonter

3. habit/ant
port/able
emprunt/euse
paris/ien
noir/âtre
drôle/ment
holland/ais
maison/nette

4. boucher → boucherie
olive → oliveraie
dent → dentier
maison → maisonnette

DÉFI DES PETITS GÉNIES

5. ACTIF → INACTIF
FORMER → TRANSFORMER
PLUIE → PARAPLUIE
GONFLE → DÉGONFLE
POSER → SUPERPOSER
ORDRE → DÉSORDRE
PRUDENT → IMPRUDENT
COUDRE → RECOUDRE

Bravo, tu as terminé !